Legal Frontier in AI, IoT and Big Data

AI・IoT・ビッグデータの法務最前線

森・濱田松本法律事務所
齋藤浩貴・上村哲史・岡田　淳　著

中央経済社

は じ め に

　デジタルテクノロジーの普及によって私たちの社会と生活は一変しました。

　法律がその変化に追いついていないということがよくいわれますが，それはある意味当然でしょう。法律は社会を変革するエンジンではなく，社会の変革をよい方に導き，変化による問題が生じないようにし，変革されたあらたな社会における利益を調整するものだと，従来考えられてきたからです。そのような役割を担う法律を整備するためには，社会の変革を慎重に見定めなければならなかったのです。

　ですが，デジタルテクノロジーによる変化のスピードは増すばかりです。法システムの側でも，変革を正しく見定め，適切な対応をするスピードをますます上げていかなければなりません。そうしなければ社会の不安定な状況が助長されてしまいますし，国家間の経済競争を勝ち抜くことに支障が生じかねないのです。

　現在の変革は，AI・IoT・ビッグデータの技術によってもたらされています。これらの用語がいつまで時代を象徴するものであり続けるかはわかりませんが，これらの技術による変革の計り知れない大きさは現実のものです。

　この変革に対応する法システムを整備する努力は各方面で行われています。これを理解し，正しく対応し，活用することがあらゆる分野の企業に求められています。

　私たち執筆者も，テクノロジーの変革の全貌は理解しきれていないかもしれません。それでもこの変革に果断に切り込み，法システムの変革を皆様にできるだけわかりやすく伝えたい——そんな思いで執筆されたのが本

書です。本書が少しでも皆様のお役に立てれば幸いです。

　本書の発行に当たって，中央経済社の阪井あゆみ氏に多大なご尽力をいただきました。この場を借りて深く感謝申し上げます。

　なお，本書における記述は執筆者の私見であり，所属する法律事務所の見解ではないことを付言いたします。

　2019年 8 月

齋藤浩貴

上村哲史

岡田　淳

I

目　次

はじめに／ *i*

［第1章］　テクノロジーの進歩がもたらす変革

▶ 1　情報テクノロジーの進歩と法システムの変革 ——— *1*
▶ 2　先端情報テクノロジーの概観 ——— *4*
▶ 3　先端情報テクノロジーによる法システムの変革 ——— *6*
（1）　AIと法 …………………………………………………… *6*
（2）　IoT・ビッグデータと法 ………………………………… *8*
（3）　実社会とのインタラクションと法 ……………………… *9*
（4）　第四次産業革命と標準必須特許 ……………………… *11*

　　　コラム　X-Tech ／ *12*

［第2章］　AI創作物と知財

▶ 1　はじめに ——— *13*
▶ 2　現行知財制度の下でのAIが創作した表現物の保護と
　　今後の在り方 ——— *14*
（1）　AIが創作した表現物は著作権法で保護されるか ……… *14*
（2）　AI創作物であることを秘匿して著作権法の保護を受けることはでき
　　るか ……………………………………………………… *15*
（3）　AIが創作した表現物の保護の在り方 ………………… *18*
（4）　英国著作権法におけるコンピュータ生成物の保護 ……… *20*
▶ 3　AIが生成した発明・意匠・商標について ——— *21*
（1）　AIによる発明と特許法 ………………………………… *21*

Ⅱ

　（2）　AIによる意匠（デザイン）と意匠法 ・・・・・・・・・・・・・・・・・・・・・・24

　（3）　AIによる発明・意匠であることを秘匿して特許・意匠の出願をすることは許されるか ・・・・・・・・・・・・・・・・・・・・・・・・・・24

　（4）　AIが生成した商標の商標法による保護 ・・・・・・・・・・・・・・・・・・25

▶ **4　自律的なAI創作による著作権侵害** ────26

　（1）　AIによる創作における依拠性 ・・・・・・・・・・・・・・・・・・・・・・・・・・27

　（2）　AIの著作権侵害において責任を負う者 ・・・・・・・・・・・・・・・・・・28

　　　コラム　リーガルテック／30

［第3章］　AI開発委託契約

▶ **1　はじめに** ──────────────────────31

▶ **2　AI技術の解説** ──────────────────32

　（1）　AI技術と機械学習の手法 ・・・・・・・・・・・・・・・・・・・・・・・・・・・・・・32

　（2）　AI技術の実用化プロセス ・・・・・・・・・・・・・・・・・・・・・・・・・・・・・・33

▶ **3　AIソフトウェア開発の特徴** ──────────36

　（1）　学習済みモデルの内容・性能等が契約締結時に不明瞭な場合が多いこと・・・36

　（2）　学習済みモデルの内容・性能等が学習用データセットによって左右されること ・・・・・・・・・・・・・・・・・・・・・・・・・・・・・・・・・37

　（3）　ノウハウの重要性が特に高いこと ・・・・・・・・・・・・・・・・・・・・・・37

　（4）　生成物にさらなる再利用の需要が存在すること ・・・・・・・・・・・38

▶ **4　AIソフトウェアの開発方式** ──────────38

　（1）　AI開発委託契約に適した開発方式 ・・・・・・・・・・・・・・・・・・・・38

　（2）　「探索的段階型」開発における各フェーズ ・・・・・・・・・・・・・・41

　（3）　ユーザ・ベンダ双方による積極的関与の必要性 ・・・・・・・・・41

▶ **5　AI開発委託契約における主な留意点** ──────42

　（1）　契約の法的性質（請負，準委任） ・・・・・・・・・・・・・・・・・・・・・42

目　次　Ⅲ

（2）　知的財産権の帰属，利用条件 ……………………………………43

（3）　責任の分配 ………………………………………………………45

　　コラム　ヘルステック／48

［第4章］　AIの保護と開発支援の法制度

▶ 1　はじめに ──────────────────────────49

▶ 2　AIの知的財産法制上の保護 ──────────────50

（1）　AIの開発過程 ………………………………………………………50

（2）　元データの収集と法的保護 ………………………………………51

（3）　学習用データの選別・編集と法的保護 …………………………53

（4）　AIプログラムの法的保護 …………………………………………55

（5）　機械学習による学習済みパラメータの作成，学習済みモデルの完成と

　　　法的保護 ……………………………………………………………56

▶ 3　データに施される暗号化技術等の保護強化 ──────58

▶ 4　AI開発にあたっての他人の著作物の利用 ──────61

（1）　改正前著作権法第47条の7の規律 ………………………………61

（2）　2018年改正後の現行著作権法による柔軟な規定の導入 …………63

（3）　現行著作権法第30条の4の解説 …………………………………65

▶ 5　AIの利用に付随する他人の著作物の利用 ──────66

［第5章］　ビッグデータの法的保護

▶ 1　はじめに ──────────────────────────69

▶ 2　IoTとビッグデータ ──────────────────70

（1）　IoTとは ………………………………………………………………70

（2）　IoTを支えるビッグデータ …………………………………………71

（3） ビッグデータを活用したサービスの具体例 ······················72

▶ **3 ビッグデータの法的保護** ─────────────── 74

（1） ビッグデータの活用を支える技術の保護 ···················74

（2） 不正アクセス禁止法等による規制（ビッグデータの間接的な保護）···75

（3） ビッグデータに含まれるデータの保護 ·····················77

▶ **4 おわりに** ──────────────────────── 104

［第6章］ データの取引契約

▶ **1 はじめに** ──────────────────────── 105

▶ **2 契約ガイドラインの概要（総論）** ──────────── 106

（1） ガイドラインの位置づけと，データ契約の3類型 ············ 106

（2） データ・オーナーシップ ······························· 110

▶ **3 データ提供型契約** ───────────────────── 110

（1） 派生データ等の利用権限 ······························· 111

（2） 提供データの品質等に関する責任 ······················· 112

（3） 提供データの目的外利用・第三者提供の禁止 ·············· 113

（4） クロスボーダー取引における留意点 ····················· 114

（5） データに個人情報等が含まれる場合の留意点 ·············· 114

▶ **4 データ創出型契約** ───────────────────── 115

（1） 対象データの範囲・粒度 ······························· 116

（2） 創出データや派生データの利用権限 ····················· 117

（3） 第三者への利用許諾等の有無，範囲 ····················· 117

（4） データ内容および継続的創出の保証／非保証 ·············· 118

（5） 収益分配，コスト・損失負担 ·························· 118

▶ **5 データ共用型（プラットフォーム型）契約** ──────── 119

（1） プラットフォーム型における主要な特徴 ·················· 121

目　次　V

（2）　利用規約の要否 ……………………………………………… *121*

（3）　参加者の範囲 …………………………………………………… *122*

（4）　対象データの範囲，利用目的 ……………………………… *122*

（5）　派生データ等の成果物の取扱い …………………………… *123*

（6）　プラットフォーム事業者の選定 …………………………… *123*

［第7章］　ビッグデータとプライバシー法制

▶ **1　はじめに** ————————————————————*125*

▶ **2　わが国におけるプライバシー法制** ————————*127*

（1）　個人情報保護法による規制 ………………………………… *127*

（2）　電気通信事業法（通信の秘密）による規制 ……………… *140*

（3）　プライバシー権侵害 ………………………………………… *145*

▶ **3　欧州におけるプライバシー法制（GDPR）** ————*146*

（1）　GDPR ………………………………………………………… *146*

（2）　e プライバシー規則案 ……………………………………… *153*

▶ **4　その他の各国のプライバシー法制** ————————*155*

（1）　アメリカの動向 ……………………………………………… *156*

（2）　中国の動向 …………………………………………………… *157*

▶ **5　パーソナルデータの活用に向けた最新の動き** ——*159*

（1）　情報銀行 ……………………………………………………… *159*

（2）　信用スコア …………………………………………………… *160*

（3）　「規制のサンドボックス」制度の活用事例 ……………… *162*

▶ **6　パーソナルデータの活用と消費者への配慮** ———*164*

（1）　Suica の事例 ………………………………………………… *164*

（2）　T ポイントの事例 …………………………………………… *165*

（3）　事業者に求められる対応 …………………………………… *166*

VI

▶ 7 おわりに —————————————————————167

［第8章］ 新規事業の参入を促す制度

▶ 1 はじめに ————————————————————169
▶ 2 グレーゾーン解消制度 ————————————170
（1） グレーゾーン解消制度とは ・・・・・・・・・・・・・・・・・・・・・・・・・・170
（2） グレーゾーン解消制度の流れ ・・・・・・・・・・・・・・・・・・・・・・171
（3） 必要書類等 ・・・172
（4） 活用事例 ・・・173
（5） 留意事項 ・・・174
▶ 3 新事業特例制度 ——————————————————174
（1） 新事業特例制度とは ・・・・・・・・・・・・・・・・・・・・・・・・・・・・・・・・174
（2） 新事業特例制度の流れ ・・・・・・・・・・・・・・・・・・・・・・・・・・・・175
（3） 必要書類等 ・・・177
（4） 活用事例 ・・・179
（5） 留意事項 ・・・181
▶ 4 新技術等実証制度（いわゆる「規制のサンドボックス」制度）—————————————————181
（1） 新技術等実証制度とは ・・・・・・・・・・・・・・・・・・・・・・・・・・・・181
（2） 新技術等実証制度の流れ ・・・・・・・・・・・・・・・・・・・・・・・・183
（3） 必要書類等 ・・・185
（4） 活用事例 ・・・186

　　　　 ［コラム］ CASE／190

目 次　Ⅶ

［第9章］　第四次産業革命と標準必須特許

▶ 1　はじめに ——————————————————— 191
▶ 2　特許庁による標準必須特許のライセンス交渉に関する手
　　　引き ————————————————————— 193
　（1）　手引き策定の意義 ···193
　（2）　ライセンス交渉の「誠実性」のポイント ·····················194
▶ 3　サプライチェーンにおける交渉の主体 ——————— 198
▶ 4　ロイヤルティベース（算定の基礎）——————————— 200
▶ 5　使途が異なる場合のロイヤルティ ————————— 202
▶ 6　アップル対サムスン事件知財高裁大合議判決 ———— 203
　（1）　判決の意義 ···203
　（2）　消尽・黙示の許諾 ··204
　（3）　ライセンス契約の成否・FRAND 宣言の法的意味 ·········205
　（4）　差止請求の制限 ··207
　（5）　損害賠償請求の制限 ··208
　（6）　賠償額の算定 ··210
▶ 7　標準必須特許に関する紛争の解決 ————————— 211
　（1）　SEP をめぐる紛争解決の実情 ····································211
　（2）　Unwired Planet v. Huawei 事件英国控訴院判決 ··········211
　（3）　東京国際知的財産仲裁センターの設立 ·······················213
　（4）　特許庁による標準必須性に係る判断のための判定 ·········213

〔参考文献〕／215

略語一覧

〔法令，ガイドライン，規則等〕

個人情報保護法　　　　個人情報の保護に関する法律

独占禁止法　　　　　　私的独占の禁止及び公正取引の確保に関する法律

GDPR　　　　　　　　General Data Protection Regulation：一般データ保護規
　　　　　　　　　　　則

契約ガイドライン　　　ＡＩ・データの利用に関する契約ガイドライン

モデル契約書案　　　　「ＡＩ・データの利用に関する契約ガイドライン」デー
　　　　　　　　　　　タ編・AI編それぞれに記載されたモデル契約書案

プラットフォームサービス　　プラットフォームサービスに関する研究会中間報
　　研究会中間報告書　　　　告書（案）

総務省ガイドライン　　電気通信事業における個人情報保護に関するガイドライ
　　　　　　　　　　　ン

ｅ規則案　　　　　　　e-Privacy Regulation：ｅプライバシー規則案

現行指令　　　　　　　e-Privacy Directive：ｅプライバシー指令

SEP　　　　　　　　　standard essential patent：標準必須特許

特許庁手引き　　　　　標準必須特許のライセンス交渉に関する手引き

〔判例集等〕

最　　　　　最高裁判所

高　　　　　高等裁判所

地　　　　　地方裁判所

判　　　　　判決

民集　　　　最高裁判所民事判例集

判時　　　　判例時報

判タ　　　　判例タイムズ

ジュリ　　　ジュリスト

第1章

テクノロジーの進歩がもたらす変革

第1章では，本書の導入として，AI・IoT 技術・ビッグデータによる社会変革と，これに伴う法的な課題を整理する。

1 情報テクノロジーの進歩と法システムの変革

　コンピュータの処理能力は飛躍的な進歩を遂げ，情報通信技術とインターネットの発達によって，情報の流通には技術上の障壁がなくなった。これにクラウドやセンサの技術を掛け合わせることで，テクノロジーはさらに大きな発展を遂げ，とどまるところなく進歩し続けている。特に人工知能（AI）の技術とその応用分野の進歩はめざましく，われわれの社会とビジネスに計り知れない変革を生じさせている。

　その産業に与えるインパクトは，第四次産業革命ともいわれる。蒸気機関，内燃機関を動力源とした機械を使った生産が第一次産業革命，電動機械による分業の仕組みを取り入れたことによる大量生産が第二次産業革命，コンピュータエレクトロニクスを使ったオートメーションが第三次産業革命であった。AI，IoT（Internet of Things），ビッグデータ等による現在の技術革新は，これらと同等以上の革命を産業にもたらすと考えられている。

こうしたテクノロジーおよび産業の変革は，それを支える法システムにも変革をもたらしてきた。第三次産業革命以後に，情報通信技術がもたらしてきた変革に絞って考えても，次のような3段階で大きな法システムの変革を生じてきたといえる。

第1段階は，コンピュータがパーソナル化し，ソフトウェアがハードウェアとは独立した財として取引されるようになった変革への対応である。法的には，ソフトウェア（コンピュータプログラム）が著作物として保護されることが確立し，ビジネスソフト，ゲームソフト等のソフトウェアの開発，ライセンス（エンドユーザ・ライセンスを含む）に関する契約法務が整備された。この段階では，コンピュータはまだ相互にネットワークで接続されておらず，ビジネスへの影響も限定的かつ補助的なものにとどまっていた。したがって，法システムの整備もコンピュータソフトウェア技術そのものの保護と権利関係の整理にとどまっていた。

第2段階は，インターネットの発達と情報通信サービスの進歩による変革である。この変革により，それまでマスメディアからの一方的な情報の受け手だった大衆が，情報や創作物の発信者となる状況が生じた。その対応として，著作権法が，創作の専門家の作品を保護する法律から，情報の双方向的な流通における創作物の保護と利用の調整を図る法律に変容した。また，情報の大量流通による著作権，肖像権・パブリシティ権，名誉・信用等の侵害対応が課題となり，サービスプロバイダーの責任に関する法理が検討，整備されている。さらに，消費者によるインターネットを通じたサービス利用や商取引が一般化し，これに即応できるような消費者保護のための法制が整備されてきた（各種業法，個人情報保護法，特定商取引法など）。インターネットが社会基盤となり，あらゆる法分野において，インターネット上の情報伝達や取引を，適法かつ適正なものとして取り扱うための手続的な整備もされている。

この段階では，インターネットで相互に接続されたコンピュータ機器に

よって仮想的な社会（サイバー空間，バーチャルワールドなどと呼ばれる）が出現し，人々のビジネスや生活の一部となっていった。そのような仮想的な社会において人々の交流や取引が生じたため，これを規律する法整備が進んだわけである。

　現在はさらなる情報通信技術の変革によって，これに対応する第3段階の法システムの変革が進んでいる。現在の技術革新について，まずはどのような技術革新なのかを，次項2で整理してみよう。

図表1-1　情報通信技術の変革と法システムの対応

	情報通信技術の変革	法システムの対応
第1段階	・コンピュータのパーソナル化 ・ソフトウェアの独立財化	・コンピュータプログラムの著作権による保護 ・ソフトウェアの開発，ライセンスの契約法務
第2段階	・インターネットの発達と情報通信サービスの進歩 ・N対N（多対多）の情報流通 ・インターネットを通じた商取引	・創作物の保護と利用の調整を図る法律への著作権法の変容 ・情報流通による権利侵害の責任の所在 ・インターネットサービスを利用する消費者保護のための法規制 ・インターネット上の情報伝達，取引等を正規化するための手続的法規の整備
第3段階	・IoT等により収集されるビッグデータの利活用 ・AI技術の進歩による処理内容の高度化 ・実社会における物理的サービスの制御	・ビッグデータの財としての保護と活用に関する法的整理 ・個人情報，行動履歴の利活用と個人のプライバシーとの調整 ・AI創作物の法的保護 ・AIにより制御される自律的機械の法的規制と，法的責任の所在

注：ここに掲げた法システムの変革は，代表的・特徴的なもののみを取り上げており，技術の変革が進み社会に浸透していく後の段階ほど，対応する法システムへの波及も広範になる。

2 先端情報テクノロジーの概観

現在進んでいる情報テクノロジーの変革を概念的に示したのが図表1－2である。

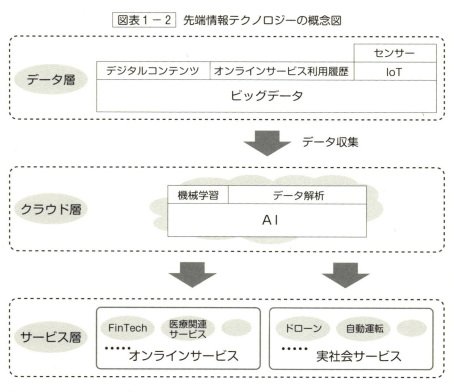

図表1－2 先端情報テクノロジーの概念図

注：クラウドではなく，学習済みのAIがローカル環境に組み込まれ，データ層，サービス層と一体となったシステムとなる（スタンドアローンのロボット等）こともある。

現下の技術革新においても，情報テクノロジーの中心的な基盤となるのは，インターネットにより相互接続されたコンピュータ資源である。

これまで情報サービスによる情報処理の対象となってきたのは，主として人間が意図的に入力した情報であった。たとえば，エンタテイメントコンテンツ配信サービス，SNS サービス等にアップロードされる文章，写真，動画等のコンテンツであり，検索サイトでの検索や，ショッピングサイト，会員制サイト等の申込時に消費者が入力するデータであり，これらの活動のログとしてのオンラインサービス利用履歴である。

現在では，これらに加えて，センサ（カメラ，マイク等を含む）が取り付けられた大量のモノがインターネットに接続され（IoT），これにより得られた膨大な情報（ビッグデータ）もシステムによる処理の対象となり，付加価値を生み出す源泉となっている。そのような処理の対象となるデータは質量共に今後も飛躍的に増大していくものと考えられている。

従来は，人間が処理のアルゴリズムを考え，あるいは認識すべき特徴量を定義してプログラミングされたソフトウェアが中心であり，その処理は，情報の解析処理が中心であった。しかし現在では，AI が，機械学習技術等によって飛躍的に進歩しており，ビッグデータから特徴量を自律的に見いだして情報処理モデルを獲得するようになっている。また，処理の質的にも，人間と同等またはそれを超えるような非定型的処理や創作的な出力を高速に行うことが可能となってきている。著作物の創作や，発明・意匠の創出に相当する行為を AI によって行うことも幅広い分野で可能になると見込まれている。

また，AI 技術等による情報処理の高度化により，情報をオンラインで提供するサービスにおいてもそのアプリケーションの範囲は格段に広がってきている。たとえば金融サービスへの広がりが FinTech である。医療の分野でも多方面で応用が進んでおり，たとえば，レントゲン画像，MRI 画像等の診断サービス等が実用化されている。

AI が機械学習等によって高度な知的処理ができるようになるためには，学習の対象としてビッグデータが必要となる。つまり，ビッグデータは，

AIシステムによるサービス出力に向けたリアルタイム処理やデータマイニング等の解析の対象となるだけでなく，AIシステムの学習データとしても重要な意義を有するようになっている。

高度化したAIにより，膨大なデータをリアルタイムに知的に処理してハードウェアを制御することができるようになったため，人間の実社会において，コンピュータシステムによって制御されたハードウェア（広義のロボット）が広く実用化されてきている。これまでも産業用ロボット等は実用化されているが，不特定多数の人間が社会活動する範囲とは区画された限定的エリアでの利用，または人間の監視下での利用に限られていた（工作ロボット，床掃除ロボット等）。しかし，センサ，AIをはじめとする技術の進歩により，通常の人間の社会生活と共存する形での自律運用的なサービスに利用されるようになりつつある。こういったアプリケーションとしてまず注目を集めているのが，ドローン，自動運転であり，近い将来には，介護ロボット，案内ロボット等が実用化されていくと考えられている。

▶ **3** **先端情報テクノロジーによる法システムの変革**

上述のとおり現在の先端テクノロジーがもたらす変革により，次のような法システムの対応が必要となっており，その調整が各方面で進められている。

（1） AIと法

主として**図表1－2**のクラウド層に関わるのが，AIに関連する法的課題である。

今後現実に大きな問題になると考えられているのは，AI創作物を法的に保護すべきか否か，保護すべきであるとした場合にいかなる法制によるべきか，ということである。

これまで知的創作物は，著作権法，特許法，意匠法等の知的財産法により保護されてきた。こうした保護は，知的創作を行うことができるのは人間だけである，との前提の下に構築されている。しかし，AIの進歩により，人間が行ってきたのと同等以上の知的創作をAIが行うことが可能になってきたため，その取扱いが大きな課題となるのである。

また，逆に，AIによる創作物が，他者の知的財産権等の権利を侵害することも想定されるところである。そのような場合における法的責任の在り方（誰が侵害主体となるのか）についても検討が必要となっている。

以上のようなAIによって創作される創作物に関する法的問題について，「第2章　AI創作物と知財」で解説する。

現在のAIは，実際のビジネス等で活用するためには，各種の用途に合わせた開発が必要である。事業用AIの開発は，AIの開発能力を有するベンダと，AIを事業に利用する事業会社間の契約によって，開発が進められる。このようなAI開発契約は，従来のソフトウェアの開発契約と重なるところもあるが，AI開発契約特有の問題も多く生じている。AI開発契約については，2018年6月に経済産業省が，「AI・データの利用に関する契約ガイドライン（AI編）」を策定している。「第3章　AI開発委託契約」では，このガイドラインも参照しつつ，AIの開発に関する契約について解説する。

開発されたAIとその中間の成果物は重要な知的資産である。したがって，開発されたAIとその中間成果物が知的財産法制上どのように保護されることになるのかということもAIの構造に則して明らかにする必要がある。また，AIに自律学習させるための他人の著作物の無許諾利用が許されるかということも重要な問題である。「第4章　AIの保護と開発支援の法制度」では，AIに関連する知的資産の保護とAIの開発を促進する法制度について考えていく。

（2） IoT・ビッグデータと法

　主として**図表１－２**のデータ層に関連するのが，IoT とビッグデータに関する法的課題とその対応である。

　IoT とビッグデータの利活用が進んだことにより，ビッグデータの財としての価値が高まっている。ビッグデータ自体は多くの場合知的創作物ではないため，著作権法では保護されない。ビッグデータがデータベース化されたものも，創作性がないことがほとんどであり，著作権法では保護されないことが多いと考えられる。そのため，ビッグデータは，不正競争防止法上の営業秘密に該当する限りにおいて法的保護を受けられると考えられ，これを踏まえた契約による保護を図るべきものと考えられていた。ビッグデータの法的保護についてはさらに検討が進められ，2018年の不正競争防止法の改正によって，「限定提供データ」が保護されるようになった。これは，営業秘密に該当するとは必ずしもいえないようなビッグデータの保護を企図した改正である。以上について，「第５章　ビッグデータの法的保護」で解説する。

　また，ビッグデータは財として契約により取引されるようになっている。ビッグデータのライセンス契約または売買契約というべきものであるが，この契約については，前述の「AI・データの利用に関する契約ガイドライン（データ編）」が参考になる。「第６章　データの取引契約」では，このガイドラインも参照しつつ，ビッグデータの取引に関する契約について解説する。

　ビッグデータとして取り扱われる情報は，インターネット上のデジタルコンテンツ，オンラインサービスの利用履歴，IoT によってモノから収集される情報等である。このうち利用履歴や，モバイル端末・ウェアラブル端末から収集される情報には個人情報が含まれることが多い。また，IoT により集積される情報も個人の行動履歴と密接に結びつくものが多い。た

とえば，鉄道駅の自動改札から収集される情報や，自動車に取り付けられた GPS 情報は，個人の行動履歴と密接に結びつくものである。こうした情報について，個人のプライバシーに配慮しつつ，いかに匿名的な解析処理への利活用を進めるかが法的課題となっている。こうした課題への対応を企図して，すでに個人情報保護法が改正されている（2015 年 9 月 9 日公布，2017 年 5 月30日全面施行）。

「第 7 章　ビッグデータとプライバシー法制」では，上述のような IoT・ビッグデータとプライバシーの関係に関する法的課題とその対応を解説する。なお，プライバシー情報の保護については，EU（欧州連合）が GDPR（General Data Protection Regulation ＝一般データ保護規則）を策定しており，日本企業も対応を迫られているところである。同章では GDPR 等外国の法制についてもあわせて解説する。

（3）　実社会とのインタラクションと法

主として図表 1 － 2 のサービス層に関する法的課題である。

広義のロボットであるドローン，自動運転自動車等が実社会において人間と交錯して活用されていくに伴い，そのような機器を実社会に適合して運用可能にするための法規制の改革が必要となる。そのような機器が社会において第三者に損害を与えた場合の責任の在り方についても課題となっている。

ドローンについては，その商業利用を進めるためには，航空法・電波法等の法規制のさらなる整備が不可欠である。また，土地所有権との関係，プライバシーの問題などへの配慮も必要となる。

自動運転については，完全な自動運転車を実現するためには，ジュネーブ条約や道路交通法をはじめとする法制度の見直しが必要であり，自動運転自動車が起こした交通事故の法的責任についても検討が必要となっている。わが国でも国土交通省が設置した「自動運転における損害賠償責任に

関する研究会」や警察庁が設置した「自動運転の段階的実現に向けた調査検討委員会」等で議論されてきた。

　オンラインサービスにおいても，知的処理のテクノロジーの高度化により，そのアプリケーションはあらゆる産業にまたがるようになり，金融（FinTech），保険といった，高度の法規制がされてきた分野の主要業務にも広がってきたため，法規制の見直し等の対応が必要となってきている。FinTech はその産業へのインパクトと，法的対応の変革の大きさから，情報テクノロジー法における大きなトピックとなっている。

　これらのサービス層における課題は，テクノロジーの応用分野に応じてさまざまであり，関係法規も膨大な数に上る。実社会サービスにおける広がりは非常に広範であり各分野での対応も多岐にわたるため，本書では，実社会とのインタラクションに関する個別の法分野の解説はコラムで若干触れる程度にさせていただく。

　AI，IoT，ビッグデータなどの新規技術による社会の変革のスピードは加速するばかりである。加速する変革の中で新たなビジネスモデルを生み出し，国際的な競争優位を確保しつつ経済成長を図っていくためには，合理性のない障壁を取り除いて，新規事業への企業の参入を促し，その実用化を早期に実現することが重要である。わが国では，新規事業への参入を促すための制度として，従来から，産業競争強化法において，①グレーゾーン解消制度，②企業実証特例制度という 2 つの制度が設けられていた。これらの制度に加えて，新しい技術やビジネスモデルについて，既存の規制にとらわれることなく迅速な実証やデータ収集を行うことができる環境を整備するため，新たに，生産性向上特別措置法（2018年 6 月 6 日施行）において，③新技術等実証制度（いわゆる「規制のサンドボックス制度」）が創設された。

　「第 8 章　新規事業の参入を促す制度」では，これらを解説する。

（4）　第四次産業革命と標準必須特許

　IoT の浸透に伴い，モノのインターネットへの接続のために，さまざまな業種の企業が，情報通信技術の標準規格を利用するようになっている。標準規格を利用するためには，標準必須特許（SEP）のライセンスを受けなければならない。従来は，SEP のライセンス交渉は情報通信分野の企業間で行われていた。しかし，IoT 時代となって，SEP の特許権者でもある情報通信分野の企業に加えて，自らは SEP をほとんど保有しないにもかかわらず SEP を利用する必要がある自動車等の最終製品メーカーやサービス産業，インフラ産業の企業も，ライセンス交渉に関わるようになっている。

　このような状況に伴い，SEP をめぐるライセンス交渉の態様にも変化が生じている。このような状況における関係企業の参考とすべく，特許庁は，2018年 6 月 5 日に「標準必須特許のライセンス交渉に関する手引き」を策定している。「第 9 章　第四次産業革命と標準必須特許」では，第四次産業革命下での SEP のライセンス実務について，同手引きを参照しつつ，主として IoT に情報通信技術を実施する企業の立場を念頭に置いて解説する。

コラム

X-Tech

インターネット関連技術をはじめとする最新の IT で既存のビジネス秩序を再編成する動向は，FinTech（金融），InsurTech（保険），HealthTech（健康産業），AdTech（広告），AgriTech（農業）のように，X-Tech（クロステック）として表現されている。

X-Tech の共通点は，既存の事業者が寡占的に支配していた一般消費者へのアクセスチャネルを，主にインターネットによって広げていることに加えて，AI，IoT，ビッグデータ等のデータ活用技術により，既存の産業分野において新たなビジネスモデルやサービスを実現している，ということにある。

インターネットによって，消費者とのチャネルが広がり，既存のビジネスが再編成されることは，インターネットで流通可能な情報そのものをビジネスの対象とする，メディア産業やエンターテインメント産業ですでに起きてきたことである。

情報技術の進歩によって，あらゆる産業において，消費者とのチャネルの広がりを活かすことのできる革新的なビジネスモデルやサービスが次々に創造されるようになった。

X-Tech においては，消費者とのチャネルの機能（基盤）を提供するプラットフォーム事業者が重要なプレイヤーとなると考えられる。

プラットフォームは消費者間，事業者間で共通して利用することで，価値と利便性が飛躍的に高まる。これまでのインターネットビジネスにおいて，すでに GAFA 等がプラットフォーム事業者として巨大な存在となっているが，X-Tech においても，同様に巨大なプラットフォーム事業者が覇権を握っていく可能性がある。

法律の面からは，こうした事業者に対する独占禁止法の適用の是非が問題となっていく可能性があるといえるだろう。

第 2 章

AI 創作物と知財

第2章では，AIが創出した著作物，発明等に当たるようなものについて，法的保護を与えていいかどうかという課題，およびAIが創出した情報が，第三者の権利を侵害する場合の責任主体の課題を中心に解説する。

1　はじめに

　AI技術の進歩により，従来は，人間のみがなし得ると考えられていた著作物の創作や，発明・意匠（デザイン）の創出に相当する行為を，AIによる自律的な情報処理出力によって行い，これをビジネスに活用することも見込まれるようになっている[1]。

　そして，芸術の分野においても，鑑賞に堪え得る作品がAIにより創作されるようになっている[2]。AIが創作した作品についても，人間が創作した作品と同様に，法的保護を与えていいかどうかという課題が生じている。また，AIが作品を創作する際に，第三者の著作権を侵害することも

---

1 「AI創作物」「AIが創作した」といった表現を本書で用いることがある。本章で解説するとおり，そもそもAIによる情報生成が著作権法等の「創作」の語には該当しないと考えられているところから，このような用語法は必ずしも正確なものではない。ただし，「従来は人間しかなし得なかった創作性があるように見えるものをAIが自律的に生成すること」をコンパクトに表現するために「創作」の語を用いるのは便宜上都合が良い面もあるので，本書では随所でそのような表現を用いている。

考えられる。著作物のみならず，発明・デザイン等についても同様の課題が生じている。

こうした課題については，知的財産戦略本部検証・評価・企画委員会「次世代知財システム検討委員会報告書」（2016年4月），および同「新たな情報財検討委員会報告書」（2017年3月）において，知的財産戦略本部による検討結果が示されている。これを踏まえて以下で解説する。

2　現行知財制度の下でのAIが創作した表現物の保護と今後の在り方

（1）　AIが創作した表現物は著作権法で保護されるか

　AIが生成した表現物であって，人間がAIを使わずに作成したとしたならば著作物に該当するようなものは，著作物として著作権法の保護を受けられるのだろうか。著作権法では，著作権の保護の対象となる著作物を「思想又は感情を創作的に表現したものであつて，文芸，学術，美術又は音楽の範囲に属するものをいう」と定義している（2条1項1号）。AIが生成した表現物が，この定義，特に「思想又は感情を創作的に表現したもの」に当てはまるのかが問題になる。

　AIが生成した表現物といっても，その人間の関与の度合いはさまざまである。たとえば，音楽を例に取れば，入力した条件に合ったフレーズをAIに多数作成させ，人間がそれをいくつかつなぎ合わせた上で各種の調整をして1曲に仕上げるという場合もあれば，AIにごく簡単な条件（曲の長さ，テンポ，ジャンル，雰囲気，使用楽器等）を指定するだけで後はAIが1曲を自動的に作曲する場合もあるだろう。前者では人間がAIを道具

2　マイクロソフトなどのプロジェクト「The Next Rembrandt」（https://www.nextrembrandt.com/）では，17世紀の画家レンブラントの全作品を学習したAIがレンブラント「風」の新作を発表しており，Googleのプロジェクト「Magenta」（https://magenta.tensorflow.org/）では，AIが作曲した楽曲が発表されている。

として利用してその人が気にいるような曲を創作しているといえると考えられるが，後者では，AIが自律的に曲を生成しており，人間は創作的な関与は全くしていないといえる。

　そこで，知的財産戦略本部の2つの報告書では，AIを利用して生成される創作物を，(a)AIを道具として利用して創作した創作物と，(b)AIにより自律的に創作された創作物に分けており，(a)については著作権が発生するのに対し，(b)については著作権が発生しないと整理している（**図表2－1参照**）。

　(b)について，次世代知財システム検討委員会報告書では「現行法制度上，人工知能が自律的に生成した生成物（著作物に該当するような情報）は，『思想又は感情を創作的に表現したもの（著作権法2条1項）』ではないため著作物に該当せず，著作権も発生しないと考えられる」としている。

　他方，(a)については，たとえば，イラスト作成ソフトを使ってコンピュータで絵を描いたり，デジタルカメラを使って写真撮影をしたりするのと同様に，人間がAIを道具として使って創作をしているに過ぎない。したがって，人間の思想または感情を創作的に表現したものとして著作権が発生し，AIを道具として使って創作した人間が著作者となる。

（2）　AI創作物であることを秘匿して著作権法の保護を受けることはできるか

　上述のとおり，現行著作権法の一般的な解釈の下では，AIが自律的に創作したAI創作物は，著作権法による保護の対象とならない。

　しかし，そもそも，人間の作品と区別できないような作品をAIが生み出すようになったことがここでの課題の前提であって，AI創作物であるかどうかは作品の外見・外聞からはわからない。AIを用いた創作行為も私的な場所または企業内部で行われることになるから，AIを用いた創作に関与した者が「これはAIが創作した作品です」と公表しない限り，当

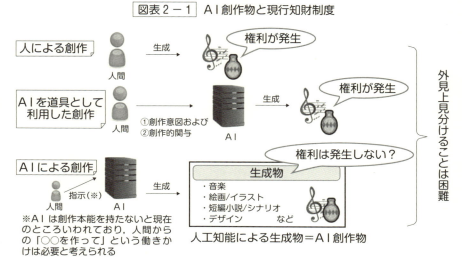

出所：知的財産戦略本部「次世代知財システム検討委員会報告書」23頁をもとに作成

該作品がAI創作物だとは外部からはわからないのである。

　そうすると，AI創作物をビジネスに利用しようとする者は，それがAI創作物だとは公表せず，あたかもその者が創作した著作物であるかのように装うのが自然である。そうすれば，著作物として著作権法による保護が受けられるからである。また，そのようにせず，AI創作物であるとして公表すると，著作権法その他の保護を受けられないから，第三者が無許諾利用しても法律上問題はないということになってしまうからである。

　それでは，AI創作物を，人間が創作した著作物であるかのように装うことは許されるのだろうか。

　著作権法から見た結論からいえば，著作権法にそのような行為を禁じる規定はないので，問題はないことになる。

　著作権法121条は，著作者でない者の実名または周知の変名を著作者名として表示した著作物の複製物を頒布した者に罰則を科している[3]。

> **著作権法第121条** 著作者でない者の実名又は周知の変名を著作者名として表示した著作物の複製物（原著作物の著作者でない者の実名又は周知の変名を原著作物の著作者名として表示した二次的著作物の複製物を含む。）を頒布した者は，１年以下の懲役若しくは100万円以下の罰金に処し，又はこれを併科する。

　本条により，他人が著作した著作物を自分が著作したものであると表示することは禁じられているのであるが，AIが創作した表現物はそもそも著作物ではないため，そのようなものを自分が著作したものだと表示してもこの規定には反しないことになるのである。

　したがって，AI創作物を人間が著作した作品であると称してビジネスを行うことは著作権法には反しないことになる。

　しかし，AI創作物は著作物ではないのだから，AI創作物を人間が創作したものとして表示し，取引等を行うことは，当該取引の契約違反になることがあると考えられる。また，場合によっては，詐欺，不正競争防止法上の品質誤認表示等の不法行為に該当する可能性があることにも注意しなければならない。

　たとえば，ある作曲家が，ある企業のCMソングの作曲を受託し，その曲の著作権を当該企業に譲渡することになっている契約をしていた場合に，当該作曲家が，全面的にAIが生成した楽曲を，自作の曲であるとして納入したとしよう。この行為は著作権法上は問題ないが，当該委託契約は，当該作曲家が作曲した著作物が成果物であることを前提として委託していることが契約の趣旨として明らかといえる。そうすると著作物として保護されることがないAI創作物を自己の作曲した楽曲として納入するこ

3　この規定だけを読むと，世上よくあるゴーストライター契約は違法なのではないか，という疑問が生じるかもしれない。しかし，この規定にかかわらず，著作名義者とゴーストライター両当事者の合意の下にゴーストライティングをすることは，是認されてよい社会的に相当な行為だと認められている状況にある。人間によるゴーストライティングは，本条に書かれている構成要件には該当するが，当事者の合意がある場合には，違法性を阻却するということでこの罰則は適用にならないというのが一般的な解釈である。

とは，契約違反（債務不履行）ということになるであろう。

　以上の観点からすると，AI 創作物を人間が著作した作品であるかのように装って取引を行う場合には，契約違反または不法行為の法的リスクについて慎重に検討した方が良いと考えられる。

（3）　AI が創作した表現物の保護の在り方

　AI が自律的に創作した AI 創作物は，著作権法による保護の対象とならないが，AI 創作物であっても，市場で人気を博し価値が生じることはあり得る。そのように価値を生じた AI 創作物に何ら保護を与えずフリーライドを許すと，資本を投下して AI 創作を行い，これによってビジネスを行うインセンティブが減退してしまうおそれがある。AI 創作物であることを公表せずに著作権法の保護を事実上受けるという方策にも問題があることは前述したとおりであるにもかかわらず，そのような仮装をして保護を受けようとするインセンティブが働いてしまうことも望ましくないといえる。

　他方，AI は，短時間で膨大な量の創作物を創作することができるから，AI 創作物すべてに，人間の著作物と同様の保護を与えると，①保護過剰となるおそれ，および②表現が独占されてしまうおそれがある。

　このような状況を調整して，AI 創作物について著作権法による保護，またはこれに準じた保護を与えるかどうかが今後の課題として残されている。

　1 つの考え方として，AI 創作物については，著作物とは保護の要件や程度に差を設けた制度を創設することも考えられる。たとえば，保護の要件について，AI 創作物については，登録した創作物についてだけ保護し，または商用化された創作物についてだけ保護する等の限定をすることが考えられる。保護期間についても，著作物の保護期間よりも短くすることが考えられる。

次世代知財システム検討委員会報告書においても，「AI 創作物のうち，たとえば，自他識別力又は出所表示機能を有するような一部の AI 創作物について」「商標，または不正競争防止法の商品等表示の保護に類するような」新たな仕組みで保護を講じることが考えられる，と報告されている。

　しかし，AI 創作物と人間の創作物とを外見上見分けることは困難であるため，AI 創作物についてのみ，保護の要件を厳しくしたり，保護の範囲を限定的にしたりしようとしても，上手く機能しないおそれがある。なぜなら，受けられる保護が著作権法による保護よりも不利になるとわかっていながら，あえて，当該創作物が AI によるものであると真実を公表するインセンティブは存在しないからである。人間が創作した通常の創作物であるかのように装って公表すれば著作物として厚い保護が受けられるわけだから，あえて AI 創作物であることを明らかにしようとはしないのが自然な対応ということになってしまう。

　そのような事態を避けるため，AI 創作物を人間の著作物として公表することを禁じる規定を著作権法に設けるか，または，AI 創作物を著作物とは別途保護する新制度を設ける際に当該新制度の法律にそのような規定も併せて設けることが考えられる。しかし，創作物の実際の製作過程は容易に秘匿可能であるので，このような規定を設けても，AI 創作物を著作物であると僭称する行為に歯止めをかけることは容易ではないであろう。

　そこで，もう 1 つの考え方としては，AI 創作物にも，人間の創作物と同様の保護を与えるよう，法改正をするという方向の解決もあり得るところである。その際には，単に AI 創作物も著作物として保護するというだけではなく，上述の AI 創作物に関する①保護過剰，および②表現の独占の問題を考慮して，著作権による保護の度合い自体を，（AI 創作物か人間の創作物かにかかわりなく）全体的に低める，あるいは著作権侵害の判断のハードルを上げるなどの方策も併せて講じるべきだとの議論がされる可能性がある。ただし，著作物の保護は，ベルヌ条約等の国際条約によって

最低限の保護の国際的なハーモナイゼイションが図られているため，このような方向で著作権法を改正することは，わが国独自の判断で行うことはできない。実際上は非常に困難である。

（4） 英国著作権法におけるコンピュータ生成物の保護

AI 創作物を著作権法により保護するという制度は，すでに英国法に例がある。英国では，1988年の著作権法改正により，コンピュータ生成物（computer-generated works）について規定が設けられている。その内容は以下のとおりである。

---

① コンピュータにより生成される著作物の著作者は，著作物の創作に必要な手筈を整える者（the person by whom the arrangements necessary for the creation of the work are undertaken）であるとみなされる（第9条(3)）。
② コンピュータにより生成される著作物の著作権は，著作物が作成された暦年の終わりから50年の期間の終わりに消滅する（第12条(7)）。
③ 著作者人格権は，コンピュータにより生成される著作物には適用されない（第79条(2)(c)，第81条(2)）。
④ 「コンピュータ生成」とは，著作物の人間の著作者が存在しない状況において著作物がコンピュータにより生成されることをいう（第178条）。

まだ AI による自律的な創作物の生成がそれほど進んでいなかった，1988年の段階でこのような規定を著作権法に設けていたというのは驚きであるが，将来的には，日本でも同様の規定を設けるということもあり得るかもしれない。

3　AIが生成した発明・意匠・商標について

（1）　AIによる発明と特許法

　発明とは，特許法上，「自然法則を利用した技術的思想の創作のうち高度のもの」（特許法2条1項）と定義されている。そのうち，「産業上利用することができる発明」であって，新規性・進歩性等の要件を満たした発明については，特許が付与される（同法29条1項等）。もっとも，著作権の場合とは異なり，発明を行えばそれだけで特許が付与されるわけではなく，特許庁に特許出願を行い，登録査定を受けた発明のみに特許が付与される。

　次世代知財システム検討委員会報告書では，「現行法制度上，〔中略〕人工知能が自律的に生成した生成物（発明・デザイン等）については，発明の主体が『産業上利用することができる発明をした者（特許法29条）』でいう自然人ではないため，特許等の対象にならないと考えられる」として，AIが生成した発明・デザインは特許・意匠権の対象にならないとしている[4]。

　従来の発明の創作においては，課題設定，解決手段候補選択，実効性評価という過程，あるいは課題解決原理の着想とその具体化という過程を経て，発明が完成に至ることになる。このような発明の完成に至る過程に複数の人間が関与しているときは，そのいずれが真に当該技術思想の完成に寄与しているかを評価し，そのような寄与をした者のみが発明者（そのような者が複数いる場合には共同発明者）であると認定されている。

　発明の過程にAIが利用されている場合，その過程の一部における人間

---

[4]　発明も意匠も創作行為を必要としているところ，創作とは人間の精神作用によるものであるから，人間の創作的関与なく生み出されたものについては，現行法上，権利が認められることはない，と説明されるべきだとの見解もある（奥邨弘司「人工知能成果物と知的財産権」ジュリ1511号（2017）59頁）。

の関与が，仮に AI によりなされている部分が他の人間によって行われたとしても発明者または共同発明者となり得るようなものであれば，当該発明の発明者は，当該関与をした人間のみであるとすることに異論はないものと考えられる[5]。

　問題は，AI を利用した発明の過程の一部を人間が行ったとしても，当該人間の関与がそのようなレベルに満たない場合である。たとえば，仮に，AI が，課題を与えるだけでその技術的解決手段を生み出せる程度に発達した場合，課題（発明の具体的着想には至らないようなものであるとする）を設定しただけの人間を，「発明をした者」と認めることが妥当かということが問題となる。このような者が発明に関与した者の一人である場合，従来の考え方では，発明者とはならない可能性が高い[6]。

　しかし，AI を利用した発明については，課題を設定しただけの人間であっても，現行法における「発明をした者」に該当すると解釈することは不可能ではないと思われる。当該者が課題を設定して AI に入力してその結果を取得しなければ，そのような発明はこの世に現出し得ないのであり，このような者を「発明をした者」と解することが特許法29条の文理にただちに反するともいえないのではなかろうか。

　そして，実質的な理由としても，このような方法による発明の創作とその特許出願による公開は，特許法により奨励されるべきものであるとの判断はあり得るところであろう。

　現行特許法は，発明者として自然人のみを想定しており，法人が発明者となることを認めていない。AI を利用した発明は現実にはそのほとんど

5　平成28年度 特許庁産業財産権制度問題調査研究報告書「AI を活用した創作や３Ｄプリンティング用データの産業財産権法上の保護の在り方に関する調査研究報告書」26頁が参考になる。

6　具体的着想を示すことなく，単に基本的な課題とアイデアのみを示した者は考案者とはいえないとされた事例として東京高判平成３年12月24日判時1417号108頁〔自動ボイルエビの成型装置事件〕がある。実用新案に関する裁判例であるが，「考案者」は「発明者」と読み替えることができると考えられる。

が企業活動において行われることになると考えられるところ，課題を設定したに過ぎない従業者に，発明者としての地位とこれに基づく特許法35条（職務発明）所定の権利を認めてもよいかという問題が生じる可能性があるが，当該者を発明者としつつも，その実質的な貢献度は低いとして，相当の対価を極めて低廉にするような解釈により，対応可能な問題であるように思われる。

　また，AIが生成する発明について，「発明をした者」の認定を上記のように緩めたとしても，新規性（既存の技術と同一ではないこと）と進歩性（出願時点の技術水準に照らして，従来技術から当業者が容易に想到できるものではないこと）の要件を充足しているか，という点で特許審査の段階でスクリーニングをかけられるため，特許が濫発される事態を防ぐことは可能であると考えられる。

　ある技術分野について，課題を設定したならば，当該課題を解決する方法または物を自動的に創出するようなAIが開発されたとしよう。そのようなAIを開発した企業が当該AIを秘密に保持し，その技術分野における課題を解決する方法または物を当該AIによって次々に生み出すならば，当該方法または物を発明として保護することは有益なことであるように思われる。たとえば，がんの治療薬の技術分野について，特定の遺伝子異常を起こすがんの治療を課題として与えると，そのがんに効く最適な化合物を自動的に創出するAIをある企業が開発したとして，当該企業が当該AIを利用して創出した治療薬を次々に出願するような場合が例として考えられる。そのようなAIを他の企業がまだ開発していない状況下であれば，このような治療薬について発明該当性と進歩性を認め，特許による保護を与えることは，そのような医薬の開発に適正なインセンティブを与えることになるのではなかろうか。そして，そのようなAI自体が公知の技術になれば，そのようなAIによって創出される治療薬は，進歩性を有しないとして特許を認めない運用をすればいいということになる。

ただし，このような場合については，そのような AI 自体を発明として保護すれば十分であるという考え方もあり得るところである。

以上では，現行法下において，AI による自律的な発明を特許によって保護する可能性を論じたが，立法的な議論はさらに進められるべきであろう。著作権の場合には，AI による自律的な創作はすでに現実の問題であるが，AI による自律的な発明はまだこれからの技術であり，そのような技術の進歩にあわせて議論が進んでいくものと想定される。

（2） AIによる意匠（デザイン）と意匠法

デザイン（意匠）についても特許と同様である。意匠法は，「工業上利用することができる意匠の創作をした者」は，新規性・創作非容易性等の要件を満たしていれば意匠登録を受けることができると定めているところ（意匠法 3 条 1 項等），AI が創作した意匠についても，新規性・創作非容易性の要件でスクリーニングをかけつつ，AI に意匠創作の指示を与えた者に意匠登録を付与することが考えられてよいと思われる。

意匠については，著作物と同意に，AI による自律的な創作はすでに現実の問題であるから，この点を明らかにすることは，特許以上に喫緊の課題であるといえる。

（3） AIによる発明・意匠であることを秘匿して特許・意匠の出願をすることは許されるか

上述のとおり，著作権の場合と異なり，特許，意匠の場合には，現行法の下でも，AI が自律的に生成した発明・意匠の，特許法等による保護の対象とする解釈の可能性はあると考えるが，現在のところ，AI の生成する発明等は，特許法等の保護対象ではないとの考え方が支配的である。

AI の生成する発明等の過程が，第三者にとってその実情をうかがい知ることは難しいのは，AI が生成する表現物の場合と同じである。したがっ

て，著作物の場合と同様，発明等の場合についても，AIが自律的に創出したものを，人間が発明等したものとして（特許等の出願には発明者等の記載が必要である），出願しようとする者が生じるのはごく自然である。このような行為は許されるであろうか。

特許は著作権と異なり，特許出願し，特許査定がなされて登録がされることによって保護を受けることができる。そのため，特許法197条には，「詐欺の行為により特許，特許権の存続期間の延長登録，特許異議の申立てについての決定又は審決を受けた者は，3年以下の懲役又は3百万円以下の罰金に処する」という規定が設けられている。

AIによる発明が特許の保護対象でないとすれば，AIによる発明を人間による発明であるとして，特許査定を得る行為は，発明でないものを発明であると詐称して特許の査定を得ることになってしまうので，この規定に該当してしまうことになる。

以上については意匠についても同様である（意匠法70条）。

将来的にAIによる自律的な発明等について，特許等による保護を得ようと考える場合には，この点の議論の動向を注視しておく必要があるといえる。

（4） AIが生成した商標の商標法による保護

AIが生成した商標については，問題なく商標登録を受けられると一般に考えられている。知的財産戦略本部「知的財産計画2016」（2016年5月）においても，「人工知能が自律的に生成した生成物のうち商標については，商標法による保護対象となることが考えられる」と述べられている。このことは，商標法が，（特許法や著作権法といった，人間の知的・精神的活動による創作物を保護する「創作法」ではなく）営業上の標識に化体されている営業上の信用を保護する「標識法」であることからの帰結である。

商標法が標識法であることから，商標法の保護対象である「商標」は，「人

の知覚によって認識することができるもののうち，文字，図形，記号，立体的形状若しくは色彩又はこれらの結合，音その他政令で定めるもの（以下「標章」という。）であつて，〔中略〕①業として商品を生産し，証明し，又は譲渡する者がその商品について使用をするもの」，または「②業として役務を提供し，又は証明する者がその役務について使用をするもの」（商標法2条1項）とされており，人間が創作するものでなければならないというような要件は課されておらず，人間が商品または役務について使用するものであればよい。したがって，AIが創作する標章も，「商標」に該当する。

また，商標については創作者は観念されないので，出願にあたって商標の創作者を記載する必要もない。

よって，AIが創作する標章も商標法の保護を受けることが可能となっている。

4 自律的なAI創作による著作権侵害

AIは，現在実用化が進んでいる機械学習を行うAIを前提とすれば，人間の抽象的な指示に基づいて自律的に創作を行う場合であっても，何もないところから独自に創作を行うのではなく，既存の多数の創作物を学習し，その特徴を解析した上で創作を行う。AIが膨大な量の創作物を学習している場合には，AIが最終的に創作した創作物が，AIが学習した個別の創作物と類似するという事態は，通常は起こりにくいかもしれない。しかし，結果として，AI創作物が，学習した個別の創作物と類似してしまった場合に，当該個別の創作物の著作権者は，AIにより著作権が侵害されたとして，差止めや損害賠償を請求できるだろうか。（1）AIによる著作権侵害が成立するか，より詳しくいえば，著作権侵害の要件である依拠性の問題と，（2）著作権侵害が成立するとして，侵害の責任を負う者は誰

第2章　AI創作物と知財　27

になるのか，という問題が今後生じるものと考えられている。

（1）　AIによる創作における依拠性

　著作権侵害が成立するためには，侵害が疑われる創作物が，侵害の成立を主張する原告の著作物に依拠して作成されたという，「依拠性」の要件を充足する必要がある。その立証責任は原告が負うことになっている。しかし，AIが，学習した創作物をどのように解析して，アウトプットである創作物を創作したかという詳細な過程は，AIの開発者にすら解明困難である。したがって，原告が，被告の使用したAIが具体的に「依拠性」の要件を充足していることを立証することは不可能に近い。

　この点，従来の人間による創作物についても，依拠性の立証は困難であるため，「多くの著作物の場合は，相当程度類似しているか否か，つまり依拠していない限りこれほど類似することは経験則上ありえない，ということで立証される」[7]という実務対応が行われている。AI創作物についても同様に，原告の創作物と，侵害が疑われるAI創作物が相当程度類似していれば，依拠性が事実上推定されることになると考えられる。被告側からは，侵害品とされたものがAIにより創作されたものであることを主張することになるが，当事者間の公平上，それだけでは，依拠性の事実上の推定は覆らないと考えるべきであろう。さらに，当該原告の創作物がAIの学習に使われていないことを示すなどの反証を行うことが必要とされるべきであると考えられる。

　被告が，当該原告の創作物がAIの学習に使われていたことは認めつつも[8]，学習に用いられた創作物の数が膨大であること，およびAI学習のアルゴリズムの概要を示して，原告の創作物からは著作物としては保護さ

　7　中山信弘『著作権法〔第2版〕』（有斐閣，2014）591頁。
　8　このような学習のための複製等を無許諾で行うことができると考えられることについては，第4章4参照。

れない抽象的なアイデアや作風等が抽出されたに過ぎないということを示した場合にも，依拠性が否定されることになると思われる。学習に用いられた創作物の数が膨大であることだけで足りるとするのでは著作権者の保護に欠けると思われ，利用されているのは特徴として抽出された抽象的なアイデアや作風等に過ぎないということを AI のアルゴリズムに照らして証明する責任は，被告が負うとすべきであろう。

（2） AI の著作権侵害において責任を負う者

　AI が自律的に創作をした場合であっても，AI 自体には人格がない以上，著作権侵害の責任を AI に問うことはできない。したがって，AI を利用した者が責任を負うべきだということになる。

　強化学習型の AI に創作物を出力させる利用にあたっては，① AI プログラムの開発者，② AI に学習用データを読み込ませて学習をさせた者（学習済みモデルを開発した者），③問題となった AI 創作物を創作する指示を出した者（AI 利用者），といった関係者がいるが，このうち，③の AI 利用者が一次的な責任を負うことになると考えられる。AI 創作物をその管理下に置いて実際に複製等しているのは③の AI 利用者だからである。AI がクラウドサービスによって提供されている場合には，サービスの実態にもよるが，利用者ではなく，サービス提供者が複製等の主体として責任を負うことになることも十分あり得ると考えられる。

　複製等の主体として一次的な責任を問われる者が，③の AI 利用者に過ぎず，AI プログラム開発者でも学習済みモデルを開発した者でもない場合は，（1）で解説したような依拠性に関する防御を独力で行うことは困難であろうが，そのようなリスクは，AI 創作物を利用する便宜を得ている AI 利用者において引き受けるべきリスクであるといえる。そのような侵害の責任を問う請求が生じた場合の対応責任については，AI 利用者と，AI のベンダとの間の契約において解決すべき事項であると考えられる。

AI 利用者が，契約交渉によってそのような対応責任を AI ベンダに負わせることは困難かもしれないが，AI 利用者側でそのような侵害クレームリスクを避けるため，たとえば，AI を用いた著作権侵害判定システム等を使って，AI が創作した創作物が，他者の著作権を侵害していないかを確認した上で，公表するといった対応をすることが現実的な解決になっていく可能性が高いと思われる。

コラム

リーガルテック

　われわれ弁護士が携わるリーガルサービスにも，AI 等の先端テクノロジーによる変革が押し寄せている。

　リーガルテック (LegalTech) と呼ばれるサービスである。リーガルテックとは「リーガル」と「テクノロジー」を組み合わせた造語として，一般的には「IT（情報技術）を利用した法律関連サービスやシステムの総称」を意味する。

　アメリカやイギリスなど海外の法律事務所では，クライアントニーズの高まりやスタートアップの増加などを背景に，契約書の自動作成・レビュー，デュー・デリジェンス（DD）支援など，多様な分野でリーガルテックの導入が進んでいる。リーガルサービスの市場の大きさともあいまって，リーガルテックは欧米が大きく先行しているのが実情である。

　国内においても，大手法律事務所によるリーガルテック推進への動きや，リーガルテック関連のスタートアップ増加等により，企業法務部や法律家の関心が高まっている。

　高度なリーガルテックには，AI の技術が利用されており，学習用データとして，既存の契約書や DD レポートが使用されることになる。法規制との関係では，弁護士法，弁理士法等との調整の必要が生じてくるであろう。

　あらゆる事業分野が先端テクノロジーによる変革にさらされ，法的な対応も迫られる。リーガルサービスの分野もその例外ではないのである。

第 3 章

ＡＩ開発委託契約

第 3 章では，2018年 6 月に公表された経済産業省の契約ガイドラインの内容を参照しながら，ＡＩ開発委託契約における主な留意点について解説する。

1 はじめに

　現在，主に機械学習を利用した AI 技術が実用化段階に入り，業種や規模を問わず，多くの企業が AI 技術を利用したソフトウェアの開発・利用に取り組んでいる。しかし，AI 技術を利用したソフトウェアの開発・利用に関して，権利関係をどのように処理すればよいのか，開発・利用に伴って発生し得る責任を誰が負うのかといった法律問題は新たな課題であり，不明確な点も多い。このような状況においては，当事者間で契約を締結することによって権利関係や責任の分担を定めておくことが重要となる。

　しかし，AI 技術の基本技術思想は，データから結論を推論する帰納的なものであり，従来型の演繹的なソフトウェアの基本技術思想と根本的に異なっている。それにもかかわらず，AI 開発委託契約については，契約当事者の知識・経験も十分に形成されておらず，AI 技術の特性，データ・ノウハウの価値，相手方の立場について十分に理解されないままに契約交

渉が行われる結果，契約交渉において，当事者が自らの権利の確保に固執したり，現実的ではない要求をすることによって，契約交渉が難航して契約が不成立となったり，当事者の事業の自由度が過度に制約されイノベーションが妨げられてしまうおそれや，契約締結のために過大な労力・時間を要するおそれがある。

そこで，政府としても適切な契約実務を浸透させることが重要な政策課題であると認識され，AI技術を利用したソフトウェアについて，その特性を踏まえた上で，開発・利用契約を作成するにあたっての考慮要素，トラブルを予防する方法等についての基本的な考え方を提示することによって，当事者の双方が納得する合理的な契約を締結するための情報を提供し，契約プラクティスを形成する一助となることで，AI技術を利用したソフトウェアの開発・利用を促進することを目的としたガイドラインが策定された。これが，「契約ガイドライン」[1]である。

本章では，契約ガイドラインの内容を参照しながら，AI開発委託契約における主な留意点について解説する。なお，契約ガイドラインは「AI編」と「データ編」から構成されるが，本章では「AI編」に主眼を置いて説明する。なお，「データ編」については第6章でデータ取引契約に関連して説明するので，参照されたい。

2　AI技術の解説

（1）　AI技術と機械学習の手法

「AI」とは「Artificial Intelligence」の略称であり，「人工知能」と訳される。その具体的な範囲は多義的であるが，契約ガイドラインでは，「AI技術」という用語を，「あるデータの中から一定の規則を発見し，その規

1　経済産業省「AI・データの利用に関する契約ガイドライン」

則に基づいて未知のデータに対する推測・予測等を実現する学習手法の1つ」として定義している。

AI技術を利用したソフトウェア開発には一般に機械学習の手法が用いられる。機械学習にはさまざまな手法があり，たとえば，①「教師あり学習」（事前に正解が与えられた学習用データセットから一般化した法則を導き出すために利用される学習手法），②「教師なし学習」（事前に正解が与えられていない学習用データセットから一般化した法則を導き出すために利用される学習手法），③「ディープラーニング」（機械学習の一手法であるニューラルネット（脳の情報処理を模して開発された機械学習の一手法）を多層において実行することで，より精度の高い推論を目指した手法）といったアプローチがある。

契約ガイドラインでは，これらのうち，近年，研究開発が進む統計的性質を利用する機械学習（統計的機械学習），特にディープラーニングが念頭に置かれている。

（2） AI技術の実用化プロセス

AI技術を利用したソフトウェア（典型的には学習済みモデル）の実用化プロセスは，「学習段階」（学習済みモデルの生成段階）と「利用段階」（生成された学習済みモデルの利用段階）の2つの段階に分けることができる。

学習段階

学習段階は，センサやカメラ等の方法により収集・蓄積された「生データ」から，最終成果物としての「学習済みモデル」を生成することを目的とする段階である。学習段階は，さらに，「学習用データセット」の生成段階と，「学習済みモデル」の生成段階に細分化することができる。

第1の「学習用データセット」の生成段階は，「生データ」から，学習を行うのに適した「学習用データセット」を生成する段階である。たとえ

図表3-1　AI技術の実用化プロセス

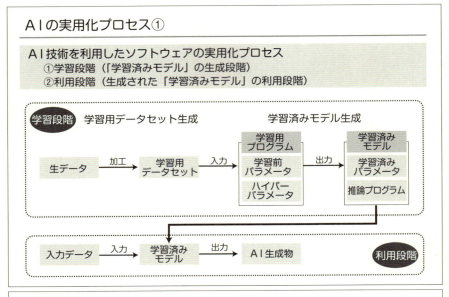

出所：契約ガイドライン（AI編）12頁参照

ば，教師あり学習の手法を採る場合において，画像データに一定のラベル情報を付して，正解データを用意することがこれに該当する。

第2の「学習済みモデル」の生成段階は，「学習用データセット」に対して学習を行うための「学習用プログラム」を適用することで，学習用データセットの中から一定の規則（統計的性質）を抽出し，その統計的性質を反映する「学習済みパラメータ」を含むモデルを得て，これをプログラムに実装することで，ソフトウェアとしての「推論プログラム」を生成する段階である。

「学習済みモデル」という用語は，実務上きわめて多義的に用いられることがあり，確立した定義があるわけではない。契約ガイドラインでは，便宜上，「学習済みパラメータ」が組み込まれた「推論プログラム」を一体として「学習済みモデル」と総称している。一般に，学習済みパラメータは，学習の目的にあわせて調整されているものの，単体では単なる係数（数値等の情報）に過ぎず，これを推論プログラムに組み込むことで初めて学習済みモデルとして機能する。ディープラーニングの場合には，学習済みパラメータの中で主要なものとしては，各ノード間のリンクの重み付けに用いられるパラメータ等がこれに該当する。

利用段階

利用段階は，学習済みモデルに「入力データ」を入力し，その出力としてAI生成物を得ることを目的とする段階である。なお，実務において，学習段階から利用段階への移行は必ずしも一方向のみとは限らず，逆に利用段階から学習段階に移行する場合もある。たとえば，利用段階において十分な結果が得られない場合や，想定外の事象が生じた場合に，利用段階で収集・蓄積されたデータを用いて再度学習させることにより，精度が向上することもある。

3　AIソフトウェア開発の特徴

　AI開発委託契約の検討に際しては，ユーザおよびベンダのいずれの立場であっても，従来型のソフトウェア開発とは異なる，学習済みモデルの特性を正しく理解しておくことが極めて重要である。具体的には，（1）学習済みモデルの内容・性能等が契約締結時に不明瞭な場合が多いこと，（2）学習済みモデルの内容・性能等が学習用データセットによって左右されること，（3）ノウハウの重要性が特に高いこと，（4）生成物についてさらなる再利用の需要が存在すること，といった特徴を指摘することができる。以下，順次説明する。

（1）　学習済みモデルの内容・性能等が契約締結時に不明瞭な場合が多いこと

　従来型のソフトウェア開発の場合，あらかじめ開発対象物が特定されており，かつ，その動作原理も直感的に把握しやすいことが多い。他方，学習済みモデル生成の場合，学習用データセットという限られたデータのみから未知のさまざまな状況における法則を推測するという性質上，推測対象となる未知のあらゆる事象を予測することは難しい。

　したがって，学習済みモデル生成の場合，あらかじめ用意された学習用データセットから一定の要求精度等を満たす学習済みモデルの生成が可能であるかを事前に予測することが困難である。これは，従来型のソフトウェア開発において，開発初期の企画・要件定義段階において適切かつ十分に協議すれば，開発対象を確定し，一定の性能保証を行うことも可能であったことと比較すれば，対照的な特徴である。

　さらに，学習済みモデルによる推論結果が期待された精度を達成しない場合の，事後的な検証も困難である。学習用データセットの品質の問題で

あるのか，人為的に設定されたパラメータの問題であるのか，あるいは，実行されたプログラムにバグがあるのか等の原因の切り分けが困難な場合が少なくないからである。これも，従来型のソフトウェア開発において，ソフトウェアの処理プロセスを再検証することによって，不具合の原因が特定できることが比較的多かったこととは対照的である。

　以上のように，学習済みモデルの生成の場合，事前の性能保証だけでなく，事後的な検証も困難である。他方で，学習の結果として，満足する結果が得られなかった場合に，新たなデータセットを用いて再度学習を行うことは比較的容易である。このような事情から，学習済みモデルの生成の場合，「探索的」なアプローチを用いて試行錯誤を繰り返すことにより性能を向上させる手法を採用しやすいという特性を有している。

（2）　学習済みモデルの内容・性能等が学習用データセットによって左右されること

　学習済みモデルの生成は，学習用データセットの統計的な性質を利用して行われるという性質上，その性能は学習用データセットの品質に依存する。たとえば，学習用データセットに含まれるデータに外れ値が混入している場合や，大きな統計的なバイアスが含まれる場合には，精度の高い学習済みモデルを生成することはできない。

（3）　ノウハウの重要性が特に高いこと

　AIソフトウェア開発では機械学習の手法が用いられることから，人間のノウハウが介在する余地が少ないと誤解されることもあるが，実際はむしろ反対である。学習済みモデルの生成においては，生データの取得，学習用データセットの加工，学習手法の選択・組み合わせなど，従来型のソフトウェア開発にはみられなかったノウハウの重要性が高い。しかも，そうしたノウハウは，ベンダのみならずユーザにも生じ得るのであって，学

習済みモデルの生成・利用において，ユーザのノウハウが重要な意味を持つこともある。

(4) 生成物にさらなる再利用の需要が存在すること

AIソフトウェア開発において生成される学習済みモデルは，従来のプログラムと比較して，より多くの場面で研究開発あるいは商業目的での再利用が可能である。たとえば，「追加学習」（既存の学習済みモデルに，異なる学習用データセットを適用して，さらなる学習を行うこと）を行って「再利用モデル」（追加学習により新たに生成された学習済みパラメータが組み込まれた推論プログラム）を生成することがある。ほかにも，「蒸留」（既存の学習済みモデルへの入力および出力結果を，新たな学習済みモデルの学習用データセットとして利用して，新たな学習済みパラメータを生成すること）を行って「蒸留モデル」（蒸留により新たに生成された学習済みパラメータが組み込まれた推論プログラム）を生成することが考えられる。

これらの再利用について，ベンダとしては，新たな技術開発や事業展開の基礎とするニーズがある一方，ユーザとしては，多大な費用と労力の結果生成された生成物の再利用を制限したいニーズがあるため，利害調整の必要が生じる。

4 AIソフトウェアの開発方式

(1) AI開発委託契約に適した開発方式

AI開発委託契約の枠組みを理解する前提として，まず従来型のソフトウェアの開発方式を理解しておくことが有益である。一般的にソフトウェアの開発方式は，①ウォーターフォール型と，②非ウォーターフォール型（プロトタイプ型，スクラム型，アジャイル型等）に分類される。

①の「ウォーターフォール型」とは，ソフトウェア開発の過程を「要件定義」 → 「システム設計」 → 「システム方式設計」 → 「ソフトウェア設計・プログラミング・ソフトテスト」 → 「システム統合」 → 「システムテスト」 → 「運用テスト」 → 「運用・評価」等の工程に分割し，前工程によって後工程における作業を詳細化していく開発手法である。

図表3-2 ウォーターフォール型の開発方式

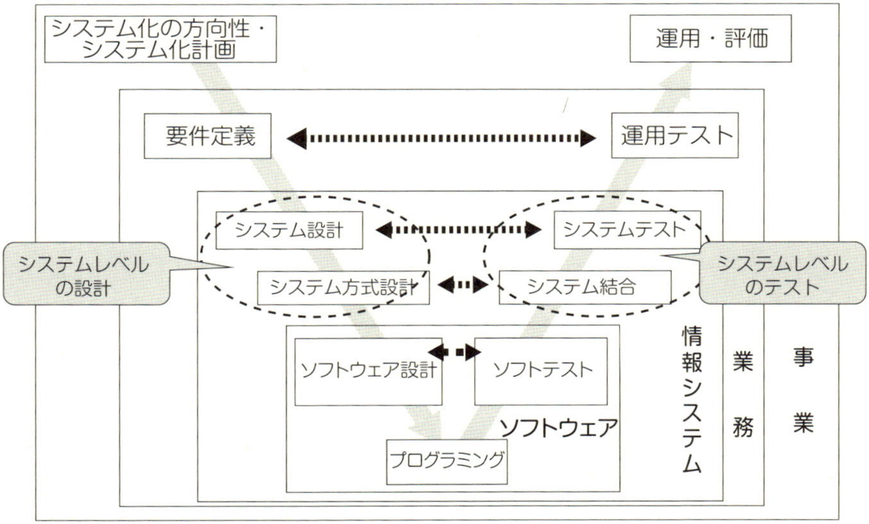

出所：契約ガイドライン（AI編）42頁

②の「非ウォーターフォール型」とは，ウォーターフォール型に分類されない開発手法を広く指し，機能単位で開発を進めるアジャイル型開発がその典型例である。この場合，開発プロジェクト全体に共通する事項を定めた基本契約を締結した上で，個別の開発対象が確定した部分から順次，個別契約を締結する方法がある。

以上に対して，契約ガイドラインでは，AI開発委託契約における学習

済みモデルの生成については，非ウォーターフォール型開発を前提としつつ，その開発プロセスを独立した複数の段階に分ける「探索的段階型」の開発方式が提唱されている。これは，開発初期に成果物を確定しない点でウォーターフォール型開発と異なり，開発全体を1つの基本契約で規律するフレームワークを採用しない点でアジャイル型開発とも異なる。なぜなら，AIソフトウェア開発の場合は事前の性能予測や事後の検証が困難であるから，その開発過程は必然的に探索的にならざるを得ず，試行錯誤を何度も重ねる必要がある。このような状況では，後戻りが不可避的に発生することから，あらかじめ確定した要件定義を前提とし，開発を段階的に詳細化していくウォーターフォール型の開発は実態にそぐわないことが多いからである。他方で，非ウォーターフォール型開発の代表的手法であるアジャイル型開発は，多数の機能を有する大規模システムの開発には適しているものの，比較的小規模な特定目的を達成するための学習済みモデルの生成においては，基本契約と個別契約の組み合わせによる契約管理コストが許容されないこともあるからである。

図表 3 - 3 「探索的段階型」の開発方式

	①アセスメント	②PoC	③開発	④追加学習
目的	一定量のデータを用いて学習済みモデルの生成可能性を検証する	学習用データセットを用いてユーザが希望する精度の学習済みモデルが生成できるかどうかを検証する	学習済みモデルを開発する	ベンダが納品した学習済みモデルについて，追加の学習用データセットを使って学習をする
成果物	レポート等	レポート 学習済みモデル（パイロット版）等	学習済みモデル等	再利用モデル等
契約	秘密保持契約書等	導入検証契約書等	ソフトウェア開発契約書等	

出所：契約ガイドライン（AI編）44頁

（2）「探索的段階型」開発における各フェーズ

　契約ガイドラインが提唱する「探索的段階型」の開発方式は、具体的には、①アセスメント段階、②PoC 段階、③開発段階、④追加学習段階の4つにフェーズを分けている。

　「アセスメント段階」は、まず事前検証の初手として、ベンダがユーザから一定量のデータを受領し、学習済みモデルの生成可能性があるかを検討する段階である。この段階では、レポート等の成果物提供を伴うこともあるが、実際に学習済みモデルの生成までは行わないことが多い。

　「PoC 段階」は、学習済みモデルの生成を進めるかについて検証する段階であり、アセスメント段階とは異なり、一定量のデータを用いて、学習済みモデルの生成・精度向上作業を行い、事後の開発の可否や妥当性を検証する。検証の結果はレポートに整理されることが一般的であるが、さらに学習済みモデルのパイロットテストが実施されることもある。

　「開発段階」は、実際に学習用データセットを用いて学習済みモデルを生成する段階である。

　「追加学習段階」は、ベンダが納品した学習済みモデルについて、追加の学習用データセットを使って学習をする段階である。

（3）　ユーザ・ベンダ双方による積極的関与の必要性

　AI 開発委託契約において、学習済みモデルの完成義務を負うか否かにかかわらず、ベンダは AI 技術の専門家として一般的に求められる水準で開発を進めるとともに、学習済みモデルの生成が内包する不確実性や、従来型のソフトウェア開発との違いについて、ユーザに対して適切かつ丁寧に説明をし、共通の技術認識を形成すべく、最大限の努力を払うことが求められる。

　しかし他方で、学習済みモデルの生成は、ユーザの積極的かつ主体的な

関与がなければ進めることは困難であることもまた事実である。なぜなら，学習済みモデルの生成が，データを用いた帰納的なアプローチにより行われる以上，その性能は，学習に用いる学習用データセットに大きく依存しており，ベンダは，ユーザから生データまたは学習用データセットの提供を受けて初めて開発を進めることができるからである。

　従来型のソフトウェア開発においても，ベンダはプロジェクト管理義務を負う一方で，ユーザは協力義務を負うなど，双方の積極的な関与が必要であることは裁判例等でも確認されてきたが，AI 開発委託契約においては，従来型のソフトウェアの開発以上に，ユーザとベンダ双方の積極的な関与が必要であるといえよう。

5 AI開発委託契約における主な留意点

（1）　契約の法的性質（請負，準委任）

　ソフトウェア開発委託契約の法的性質としては，一般に請負契約と準委任契約の 2 種類がある。請負契約の場合にはベンダが完成義務および瑕疵担保責任を負うのに対し，準委任契約の場合には役務の提供自体が契約の目的となり，ベンダは完成義務を負わないのが一般である。もっとも，準委任契約の中でも，委任事務の履行により得られる成果に対して報酬を支払うことを約する「成果完成型」と，委任事務の処理の割合に応じて報酬を支払う「履行割合型」の 2 種類に分類されるところ，前者の類型においては，成果物の完成を報酬の支払条件とすることは可能である。

　従来型のソフトウェア開発においては，たとえば，企画・要件定義の段階では開発対象がまだ十分に特定されていないため準委任型が採用され，その後に設計・開発の段階に移行した段階では，特定のソフトウェアの完成までを目的とした請負型が採用されることが多かった。

これに対し，AI 開発委託契約においては，すべての段階で，具体的な学習済みモデルの完成を約束する請負型の契約ではなく，一定の検証・開発等の役務の提供を目的とする準委任型の契約が実態になじみやすいといわれている。なぜなら，前述のとおり，契約締結時までに仕様や検収基準を確定することは難しいことが多く，また，未知のデータに対する挙動を正確に予測することも困難だからである。もっとも，限定された評価用データといった既知のデータに対する性能については，評価条件を適切に設定できるのであれば，性能保証につき合意することはあり得る。

（2） 知的財産権の帰属，利用条件

AI 技術の開発においては，開発対象となる学習済みモデルはもとより，開発の過程で学習用データセット，学習済みパラメータなどのさまざまな成果物等（中間生成物を含む）が生じる。学習済みモデルについてみれば，ユーザとしては，開発費を支払い，元となる価値あるデータ・ノウハウを提供したのだから，学習済みモデルに関する権利は全部自社のものとし，競合事業者による利用やデータ・ノウハウ流出を防止したいというニーズがある一方で，ベンダとしては，プログラム等に関する権利は開発主体である自社に帰属してしかるべきであり，学習済みモデルを横展開して他社にも提供するなど事業自由度を確保したいというニーズがある。その他の中間生成物等についても，権利帰属や利用条件が問題となることが多く，その法的関係をあらかじめ整理しておく必要がある。

まず前提として，これらの成果物等の中には，知的財産権（特許権や著作権等）の対象になるものもあれば，対象にならないものもあることを正しく理解すべきである（**第 4 章 2 参照**）。

たとえば，「プログラム」（学習用プログラム，推論プログラム等）であれば，著作権法によるプログラムの著作物として著作権法上の保護を受けることが多い。また，アルゴリズム部分は，特許権によって保護される場合もあ

り得る。ベンダが開発したプログラムについて著作権法または特許法による保護が及ぶ場合，これらの権利は，一次的にはベンダに帰属するのが通常である。したがって，ユーザがベンダから権利を譲り受け，またはその利用許諾を受ける必要がある場合には，開発委託契約においてその旨を規定する必要がある。

これに対し，「データ」（生データ，学習用データセット，学習済みパラメータ，入力データ，AI生成物等）であれば，著作物や営業秘密による保護を受ける場合もあるが，そのような場面は「プログラム」に比して限定的であり，知的財産権の対象とならないデータの利用について，法令上の明確な定めがあるわけではなく，契約による定めがない限り，データに現実にアクセスできる者が自由に利用できるのが原則となる。したがって，これとは異なる利用条件を設定するのであれば，やはり契約で明示的に定める必要がある。

そのほかにも，AI技術の開発に際してはさまざまな「ノウハウ」が活用されるが，やはり知的財産権による保護は限定的であり，知的財産権の対象とならないノウハウの利用についても，契約による定めがない限り，ノウハウに現実にアクセスできる者が自由に利用できるのが原則である。ノウハウについても，いずれに権利が帰属するかの認識が相違することが珍しくなく，契約で明示的に定めることが望ましい。

以上のように，成果物等が知的財産権の対象となる場合もあればそうでない場合もあるが，いずれにしても当事者間で利用条件を細かく定めることが必要となる。知的財産権の対象となる場合であっても，原始的な権利帰属にかかわらず，帰属先や利用条件は当事者間の合意によって定めることは可能であるし，ユーザとベンダの双方が利用条件につき強い関心を有している以上，オールオアナッシングで権利帰属のみ定めることは実務上機能しにくい。また，知的財産権の対象とならない場合には，なおさら契約により利用条件を定める必要性が高い。

第3章　AI開発委託契約　45

　したがって，権利帰属や利用条件について，その対象となるデータやプログラムの生成・作成への寄与度，これに要する労力，必要な専門知識の重要性，利用により当事者が受けるリスク等を主たる基準として，各当事者がそれぞれ何を求めているかを相互によく理解して，利用条件をきめ細やかに設定することが望ましい。ここで重要なのは，権利帰属のみに拘泥し交渉が膠着することは，必ずしも適切でないという点である。たとえば，学習済みモデルにつき，ベンダに権利を帰属させつつも，一定の目的外利用や競業的利用をベンダに禁止する等の対応をすることによって，当事者双方の利益に合致する契約を締結できる場合もある。逆に，ユーザに権利を帰属させた上で，ベンダが事業上必要な範囲については利用できる等の対応をすることも考えられる。このように，当事者は，権利の帰属に必ずしもこだわるのではなく，利用条件に主眼を置いた柔軟な交渉を行うことにより，妥当な解決を目指すことが望ましい。

　契約ガイドラインでは，**図表3－4**（46頁）のように，ユーザ側，ベンダ側それぞれの視点から，利用条件につき交渉すべきポイントが例示されている。

（3）　責任の分配

　AI技術の開発においては，開発が頓挫したり，学習済みモデルによる誤りが生じたりした場合の当事者間の責任分配も重要な論点となる。

　まず，AI技術の開発が統計的な本質を有し，試行錯誤が必要不可欠であるという特徴を有することもあり，当事者にとって満足いくような学習済みモデルを完成できないことは少なくない。前述のとおり，契約ガイドラインが「探索的段階型」の開発方式を提唱しているのは，このような場合のリスクヘッジという観点も加味したものである。すなわち，開発を多段階に分割する「探索的段階型」を採用することで，各段階における達成目標が明確となり，最終的な成果物に対する認識のすり合わせが容易にな

るほか，開発が困難であることが判明した場合でも，適時に開発を中止することにより，それ以上の損失拡大を防ぎ，リスクヘッジを図ることができるといったメリットがある。

次に，開発された学習済みモデルの品質や性能が問題となることも少なくない。AI開発委託契約の法的性質としては，前述のとおり，完成義務までは負わない準委任型を採用することが比較的なじみやすいものの，具体的に，何を開発の目的とするか，成果物をどのように評価するか，どのような基準で報酬等を支払うかといった点を中心として，個別の契約ごとに明確に定めておく必要性は高い。

図表3－4 利用条件についての主な交渉ポイント

【ユーザ】

利用の範囲	利用の可否・条件
① 自己の業務遂行に必要な範囲での利用（②に記載の利用を除く）	・利用対象・態様・地域 ・独占・非独占 ・期間 ・地域 ・ライセンスフィーの支払有無・内容 ・その他条件
② 再利用モデルの生成	・再利用モデル生成の目的・態様（例：新たなデータを利用した追加学習） ・独占・非独占 ・期間 ・地域 ・ライセンスフィーの支払有無・内容 ・その他条件（再利用モデルの他方当事者へのグラントバック等）

利用の範囲	利用の可否・条件
③　第三者への開示， 　　利用許諾，提供等	・独占・非独占 ・期間 ・地域 ・再利用許諾権の有無 ・一定の第三者（ベンダの競合事業者等）への利用許諾の可否 ・ライセンスフィーの支払有無・内容 ・その他条件

【ベンダ】

利用の範囲	利用の可否・条件
①　本開発目的以外の目的 　　のための利用（再利用 　　モデルの生成等）	・利用目的 ・利用態様（例：新たなデータを利用した追加学習） ・独占・非独占 ・期間 ・地域 ・ライセンスフィーの支払有無・内容 ・その他条件（再利用モデルの他方当事者へのグラントバック等）
②　第三者への開示， 　　利用許諾，提供等	・独占・非独占 ・期間 ・地域 ・再利用許諾権の有無 ・一定の第三者（ユーザの競合事業者等）への利用許諾の可否 ・ライセンスフィーの支払有無・内容 ・その他条件

出所：契約ガイドライン（AI編）31頁

コラム

ヘルステック

医療・健康分野においてヘルスケアとテクノロジーを融合した「ヘルステック」は，いわゆる「X-Tech（クロステック）」と呼ばれる現象（さまざまな業界において，最先端のテクノロジーを駆使して既存産業におけるこれまでの常識を打ち破るような革新的なサービスを創出するトレンド）の中でも，最も注目を集めている領域の１つである。少子高齢化や医療・介護費増大等の課題を抱える日本では，テクノロジーを活用して，誰もが健康で長生きできる生涯現役社会を実現することが特に重要といえよう。

ヘルステックを通じて，これまで病院で医師が対面で診察をしていた治療の場は，発症前や治療後の日常生活におけるデータ収集・解析に基づく生活の場に広がり，患者を中心としたケア全体で治療成果を向上させることが可能になる。事業者としても，単体の医薬品・医療機器だけでなく，予防・モニタリングを含めたヘルスケアソリューションを提供するビジネスモデルへの転換を迫られている。AI による診断補助，アプリを活用した情報提供，手術等へのロボット導入，オンライン診療，カルテ等の電子化，再生医療の発展など，ヘルスケア業界のイノベーションを促進するためのテクノロジーは多くの可能性を秘めている。

テクノロジーがヘルスケア業界を急速に革新していく過程において，薬機法（正式名称：医薬品，医療機器等の品質，有効性及び安全性の確保等に関する法律）や医師法といった伝統的な業規制も変容を迫られている。たとえば，アプリやウェアラブル端末を通じた医療情報の提供サービスが医師法の定める「医行為」に含まれないか，オンライン診療は対面診療の原則の例外としてどの程度の範囲で認められるべきか，ヘルスデータを収集して分析するプログラムや，画像診断を補助する AI が薬機法の定める「医療機器」に該当しないか，といった論点が代表例である。法改正やさまざまなガイドライン等の制定・改訂，グレーゾーン解消制度に基づく回答など，政府における議論も活発になされているので，法律実務家としても日々変化する動向をスピーディにキャッチアップしていくことが求められている。

第4章

ＡＩの保護と開発支援の法制度

第4章では，ＡＩ開発のインセンティブ付与，円滑な開発の支援に関する法制度について解説する。

1　はじめに

　AIの開発には多額の投資が必要となるところ，開発されたAIについては他社に容易に模倣されないような法的保護が認められなければならない。現在脚光を浴びているAI技術の牽引役となっているのは機械学習により実用的な知能を獲得するAIである。特に，機械学習の一種であるディープラーニング（深層学習）の実用化が2012年頃から急速に進み，現在のAIの利用の拡大につながっている。機械学習によるAIでは，開発途上においても，財産的な価値のある中間的な成果物が生じるため，その法的保護の在り方も重要である。

　また，近年のAI技術の発展の背景には，インターネットサービスの進展（および近時ではIoTの普及）により大量のデータ（ビッグデータ）が収集され，利用可能となったことがあるが，ビッグデータの中に他人の著作物が含まれていた場合，許諾を得ることなく，これをAIの開発のために

利用することが許されるかも問題となる。

本章では，AI開発のインセンティブ付与，円滑な開発の支援に関する法制度について解説する。

2 AIの知的財産法制上の保護

(1) AIの開発過程

AI関連技術には多様な技術があるが，ここでは，AI関連技術の中でも現在特に実用化が進んでいる「ビッグデータから規則性を自動的に学習する機械学習技術」をベースにしたAIを対象とする。機械学習ベースのAIは，概ね，以下の開発フェーズを経て開発される（第3章2参照）。

- (i) 学習の元になるデータの収集
- (ii) 元データから学習用データを選別・編集[1]
- (iii) AIプログラム[2]の作成
- (iv) AIプログラムに学習用データを読み込ませ，機械学習を行わせることにより，学習済みモデルができ上がる。
- (v) 学習済みモデルを実運用可能なシステムに実装する。

以上のAIの開発過程を俯瞰するためには，知的財産戦略本部「新たな情報財検討委員会報告書」に収載された図である**図表4－1**が概念的にわかりやすいのでこちらを参照されたい。

---

1 元データから学習用データを作成する過程は，典型的には，データを選別・編集するために用いる前処理プログラムの作成，および当該プログラムによる前処理の実行という段階からなる。
2 AIのプログラムは，学習プログラム（機械学習に必要となるプログラム）および利用プログラム（AI開発後にAIを利用する際に必要となるプログラム）といったプログラムからなるが，本稿では説明の便宜上，これらのプログラムを「AIプログラム」と総称することがある。なお，(i)，(ii)のプロセスと(iii)のAIプログラムの作成はこの順序で順次行われるというものではなく，並列的に開発が進むのが通常である。

第4章　AIの保護と開発支援の法制度　51

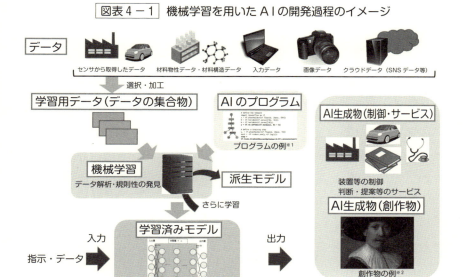

図表4－1　機械学習を用いたAIの開発過程のイメージ

（※1）出典：産業構造審議会　知的財産分科会　営業秘密の保護・活用に関する小委員会（第7回）資料4抜粋　http://www.meti.go.jp/committee/sankoushin/chitekizaisan/eigyohimitsu/pdf/007_04_00.pdf
（※2）出典：https://www.nextrembrandt.com/
出所：知的財産戦略本部「新たな情報財検討委員会報告書」

それでは，次に，開発段階に応じた成果物の知的財産法制上の保護について見ていこう。

（2）元データの収集と法的保護

まず，機械学習の材料となる元データを収集する。機械学習を前提とするAIの場合，未学習の状態のAIプログラムはいわば単なる「箱」であり，AIプログラムは，大量のデータを読み込んで学習することにより，初めて，入力に対して有用な出力を返せるようになる。

元データの集合体は，①情報の選択または②体系的な構成において創作性を有するものであれば，データベースの著作物（著作権法12条の2）と

して保護される。

　元データの収集の段階では，開発する AI の目的に合致する範囲で，なるべく大量の元データを網羅的に収集することが，AI の有用性を向上させることにつながるのが一般的である。このように網羅的に収集された元データには，通例，上記①②いずれの創作性も認められないと考えられる。したがって，著作物としての保護は期待できない。

　元データの集合体に創作性が認められない場合であっても，営業秘密の 3 要件 ((a)秘密管理性：当該情報が秘密として管理されていること，(b)有用性：事業活動に有用な技術上または営業上の情報であること，(c)非公知性：公然と知られていないこと。不正競争防止法 2 条 6 項) を満たしていれば，営業秘密として不正競争防止法により保護される。

　AI の学習に利用することができるような元データの集合体であれば，(b)の有用性は認められると考えられる。したがって，元データの集合体がもともと非公開のものであり，他社に無許諾で利用されることを防ぎたいということであれば，これを秘密として管理し（要件(a)の充足），非公開の状況を維持すれば（要件(c)の充足），営業秘密として不正競争防止法による保護が受けられると考えられる。元データを収集する事業者から AI の開発を行う事業者にデータが開示される場合でも，開示にあたって AI の開発事業者にデータの秘密保持に関する契約上の義務を課し，秘密として管理する責任を AI の開発事業者に課するならば，引き続き，(a)秘密管理性の要件は充足されることになると考えられる。

　また，元データを，AI の学習のために，限定的にではあっても複数の第三者に提供する場合には，(a)秘密管理性の要件を充足することが困難になることも考えられる。しかし，そのような営業秘密としての保護が期待できない場合でも，2018 年改正後の不正競争防止法（2019 年 7 月 1 日施行）による「限定提供データ」としての保護が受けられる可能性がある。限定提供データとして保護されるための要件は，(a)限定提供性：業として特定

第4章　AIの保護と開発支援の法制度　53

の者に提供する技術上または営業上の情報であること，(b)電磁的管理性：電磁的方法により管理されていること，(c)相当蓄積性：電磁的方法により相当量蓄積されていることの3つである（改正後不正競争防止法2条7項）。「限定提供データ」の保護について詳しくは第5章を参照されたい。

（3）　学習用データの選別・編集と法的保護

　次に，元データから，AIに学習させるデータを選別・編集する。学習用データに関しては，①情報の選択または②体系的な構成において創作性を有するという編集著作物の要件のうち，特に「①情報の選択」について，AIプログラムの性質ごと，利用目的ごとに学習しやすいように工夫が必要となる場合があり，データベースの著作物として保護される可能性がある。たとえば，誤差が出ないよう十分な学習をさせつつ，かつ，「過学習」状態に陥ることを防ぐような，適切な学習用データの選別が必要といわれている。

　「過学習」とは，学習用データを入力すると正しい出力を返すことができるものの，未知のデータに対しては適合できていない状態を指す。説明のための単純な例として，AIに手書きの「あ」と「い」の文字画像を見分ける学習をさせるケースを想定する。特定の人物（X）の筆跡で「あ」と「い」の大量のサンプルを作成して学習用データとして読み込ませると，Xの筆跡の「あ」と「い」の画像は誤差なく認識できるようになる。他方で，このAIはXに過剰に適合した学習をしたため，他人の筆跡の「あ」と「い」をXと同程度の精度で認識することは期待できなくなる。もちろん，このAIの課題がXの筆跡の「あ」と「い」を認識するというものであれば問題ないのだが，汎用的に「あ」と「い」を認識するようにしたい，ということであれば，上記の状況は過学習ということになる[3]。この

3　以上の説明においては，辻井潤一監修『トコトンやさしい人工知能の本』（今日からモノ知りシリーズ）〔中田亨〕（日刊工業新聞社，2016）44頁を参考にした。

ような，最適な学習をさせるための学習用データの選別という点において，「①情報の選択」に創作性が認められる可能性がある。

　しかし，学習用データ選別は，その進め方について重要なノウハウがありうるものの，選別自体はそのためのプログラムによって自動的に行われることが一般的であると考えられる。人力によって行われる部分はあるとしても，一部にとどまることが多いと思われる。学習用データのこのような性質も考え合わせると，第2章で説明した考え方からして，人間が行った情報の選択に創作性があるとして，学習用データに著作物性が認められる場合は多くないように思われる。よって，学習用データが著作物として明確に保護されると言えるような場合は少ないと考えられる。また，学習用データについては，営業秘密および限定提供データとしての保護が重要であることについては，上記（2）の元データの場合と同様である。

　なお，データベースを取引の対象とする場合，取引の相手に対して守秘義務を課し，営業秘密として保護することが現実的でない場合（たとえば，後述の自動車データベース事件の事案のような場合）に，第三者が，当該元データを無許諾で利用することが不法行為（民法709条）に当たる可能性が従前論じられていたので，この点についても念のために触れておく。

　このような場合についての不法行為の該当性については，原告が事業者向けにパッケージ販売していた自動車に関する情報を収録したデータベースについて，著作物性を否定しつつも，被告が当該データベースを無許諾で複製して販売する行為について不法行為の成立を認めた東京地中間判平成13年5月25日判時1774号132頁〔自動車データベース事件〕等の裁判例があり，不法行為により保護される余地もあるように考えられていたところである。

　しかし，2018年の不正競争防止法の改正により，限定提供データの保護が導入され，自動車データベース事件のようなパッケージ販売の場合でも，パスワードによる保護をするなどして電磁的管理性の要件を具備すると共

にその他の要件を満たせば，限定提供データとして保護が受けられるようになった。

知的財産権法（不正競争防止法を含む）の保護を受けられない情報の不法行為による保護については，2011年に最高裁において，著作権法上の保護を受けない著作物の利用行為につき，原則として不法行為は成立しないとの判示がされている（最判平成23年12月8日民集65巻9号3275頁〔北朝鮮映画事件〕[4]）。同最判の判旨から考えると，著作物性もなく，限定提供データとしての保護も及ばないデータベースの利用行為について不法行為の成立が認められる可能性はなくなったと考えられる。

（4） AIプログラムの法的保護

AIプログラムとして，学習プログラムおよび利用プログラムが作成される。

AIプログラムは通例，著作物の要件（著作権法2条1項1号）を満たすことになり，プログラムの著作物（同法10条1項9号）として保護される。

また，AIプログラムの開発に関連して発明がなされている場合には，当該発明について他のコンピュータソフトウェア関連発明と同様に，「方法の発明」（「物を生産する方法の発明」を含む）または「物の発明」として特許による保護を受けることができる。もちろん，特許を受けるためには，特許法上の新規性，進歩性（特許法29条1項，2項）等の要件を備えている発明である必要がある。

以上については，従来のプログラムの保護に関する議論がそのまま当てはまるため，AIプログラム特有の問題はないと考えられる。

4　北朝鮮で製作された映画について，著作権法上の保護，および無許諾利用に関する不法行為の成立が問題となった事案で，最高裁は，①日本が北朝鮮を国家として承認していないこと等の理由から，日本は，北朝鮮の国民の著作物を保護する義務を負っていないため，当該映画は著作権法上の著作物として保護されず，また，②かかる著作権法上保護されない著作物の利用行為については，特段の事情のない限り，不法行為を構成するものではない旨判示した。

（5） 機械学習による学習済みパラメータの作成，学習済みモデルの完成と法的保護

　次に，学習用データをAIの学習プログラムに読み込ませて，機械学習を行わせる。機械学習とは，学習プログラムに学習用データを入力することにより，AIの利用プログラムが入力に対して好適な出力が出せるように，プログラムのパラメータ（プログラムの動作を決定するデータ）を自動的に調整させることをいう。

　機械学習を行うことにより，学習結果である学習済みパラメータができ上がる。学習済みパラメータの実体が何であるかは，機械学習のプログラムにより異なるが，ディープラーニングを行うAIでは，AIプログラムの各ノード間の結びつきの重みづけであるパラメータが最適化された状態が「学習済みパラメータ」に当たる。学習済みモデルの重要な要素は，調整済みパラメータの集合であり，AIプログラムとは独立した管理および取引の対象となり得る。したがって，その固有の法的保護が問題となる。

　著作物としての保護について考えると，学習済みパラメータはデータベースの一種であるといえる。学習済みパラメータにおいては，どのようにデータを選択し，体系的に構成するかはAIプログラムが自動的に決めるので，第2章で説明した考え方からすると，「思想又は感情を創作的に表現したもの」（著作権法2条1項1号）ではないことになり，著作物として保護することは難しい。

　とはいえ，学習済みパラメータと利用プログラムが一体化した学習済みモデルは，一定の目的の下に作成された，データを組み込んだ一体のプログラムとして，上記（4）でAIプログラムに関して述べたとおりの著作権法による保護を受けられる可能性がある。この点は実際の開発過程に則したケースバイケースの判断になると考えられる。しかしながら，AIの利用プログラムを入手できなくても，学習済みパラメータのみをコピーし

て利用することも可能であるから，やはり学習済みパラメータ自体の保護を検討する必要がある。

　上述のとおり，学習済みパラメータは著作物としては保護されない可能性が高いが，学習済みパラメータを保護する新しい法律を策定するというのも，保護の範囲をどのように規定するかが，悩ましい問題になりそうである。というのも，ある学習済みパラメータについて，当該学習済みパラメータへの入力と，その入力に対応する出力がわかれば，（学習済みパラメータが秘匿されていても）「蒸留」というテクニックにより，当該学習済みパラメータと入出力が類似する学習済みパラメータを構築することは可能だからである。このような「蒸留」を禁止するとなると，学習済みパラメータ自体にとどまらず，当該学習済みパラメータが実現する入出力の法則自体に排他的権利を認めるということになる。これは，著作権法的考え方からすると，アイデアの保護に相当し，行き過ぎのようにも思われるところである。

　現行法の枠組みでは，学習済みパラメータが上述した営業秘密の3要件を満たしていれば，営業秘密として不正競争防止法によって保護され得る。学習済みモデルを開発者側で管理し，利用者がインターネット等を通じてAIによるサービスを受けるような場合には，営業秘密の要件を充足することができる可能性は高いと思われる。また，学習済みパラメータを提携事業者のみに限定して提供し，提携事業者による利用を許諾するような場合には，「秘密管理性」の要件を充足することが困難であったとしても，電磁的方法により管理して提供すれば，上述した元データの保護の場合と同様に，「限定提供データ」としての保護が受けられる可能性がある。

　他方，学習済みモデル自体を，医療機器，家電，自動車等の機器に組み込んで販売するような場合には，当該学習済みモデルの複製物が市場に広く流通することとなり，学習済みパラメータを抽出，解読される可能性があるから，（2）で前述した営業秘密に関する「非公知性」の要件や限定

提供データに関する「限定提供性」の要件を満たさなくなるおそれがある。

そのため，こうした機器から学習済みパラメータを抽出，解読することに関連する行為を不正競争として規制の対象とする改正も，2018年改正においてなされている。次にこの改正について，項を改めて解説しよう。

3 データに施される暗号化技術等の保護強化

学習済みモデル自体を，医療機器，家電，自動車等の機器に組み込んで販売するような場合には，当該学習済みモデルの複製物が市場に広く流通することとなるが，事業者としては，他社に複製されて利用されてしまうことは防ぎたい。しかし，学習済みパラメータは上述のとおり著作物としては保護されず，機器に組み込んで販売する場合には，営業秘密（または保護が新設された限定提供データ）としての保護も期待できないため，組込みにあたって暗号化して記録するアクセスコントロールの技術的手段を講じるという対策によるしかない。

しかし，暗号化による技術的保護は，解析によって回避されてしまうおそれが高い。

このような技術的なプロテクトについては，従前から，不正競争防止法上の「技術的制限手段」として，その回避にかかる一定の行為が不正競争として規制されていた。

しかし，2018年の不正競争防止法改正以前は，「技術的制限手段」は，音楽・映画・写真・ゲーム等のコンテンツやプログラムを無断でコピーまたは視聴・実行することを防止するためのコピーコントロール技術，アクセスコントロール技術等に限られていた。そのため，コンテンツでもプログラムでもない学習済みパラメータを暗号化するアクセスコントロール技術は，保護の対象外となっていた。

2018年改正後の新法では，保護対象として，映像・音の視聴，プログラ

ムの実行またはこれらの記録に加えて,「情報（電磁的記録に記録されたものに限る）の処理又は記録」が追加された。これにより,医療機器,家電,自動車等の機器に組み込んで販売される学習済みパラメータに無断でアクセスすることを防止するための暗号化技術も「技術的制限手段」として不正競争防止法の適用対象となった（新法2条8項）（図表4－2の①）。

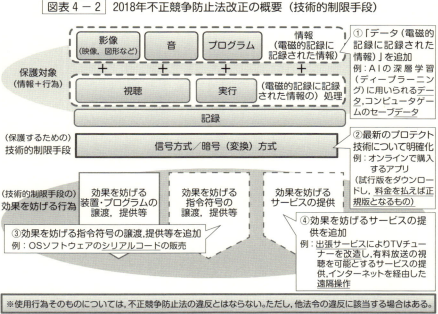

図表4－2　2018年不正競争防止法改正の概要（技術的制限手段）

出所：経済産業省知的財産政策室「不正競争防止法平成30年改正の概要」

　技術的制限手段について,2018年の改正以前は,その効果を妨げる装置・プログラムの譲渡,提供等を「不正競争」と位置づけ,当該行為に対する民事措置・刑事措置を設けていた（旧法2条1項11号,12号）。しかし,技術的制限手段の効果を妨げるサービスの提供については規制の対象としていなかった。

　近年では,技術的制限手段の効果を妨げるための不正な装置やプログラ

ム等の導入に関して特殊な機能を有する装置や特別な知識を要する場合が増え，個人の利用者に代わって技術的制限手段の効果を妨げる行為を行うサービスを提供する事業者が出現していることから，新法では，技術的制限手段の効果を妨げるサービスを提供する行為についても，「不正競争」と位置づけている（新法2条1項17号，18号）（図表4-2の④）。

このように2018年改正後の不正競争防止法では，機器に組み込んで販売される学習済みパラメータに無断でアクセスすることを防止するための暗号化技術も「技術的制限手段」に含まれるようになり，技術的制限手段の効果を妨げる装置・プログラムの譲渡，提供等だけでなく，技術的制限手段の効果を妨げるサービスの提供についても「不正競争」とされて，民事措置・刑事措置を講じることができるようになった。

しかし，2018年改正後の新法の下でも，プロテクトの対象となっている情報等にアクセスするために，自ら技術的制限手段の効果を妨げてアクセスを達成する行為については，規制の対象となっていない。したがって，機器に組み込んで販売される学習済みパラメータに無断でアクセスすることを防止するための暗号化技術を施しても，技術力を持つ競合他社が自ら暗号を解析して学習済みパラメータを入手する行為については，不正競争防止法違反にならないことに注意が必要である。

技術的制限手段を無効化する行為自体が対象外とされている理由については，技術的制限手段についての規定が初めて不正競争防止法に導入された1999年改正の際の説明で，「機器等の提供がそれぞれ多くの無効化行為を呼び起こしコンテンツ提供業者に大きな被害をもたらす蓋然性が高いのに比べ，一件一件の無効化行為自体は，互いに独立に行われ，その被害も限定的である。その一方で，個々の無効化行為を1件ずつ補足し，民事訴訟の対象とすることは困難である」としている[5]。学習済みパラメータの

5　文化庁長官官房著作権課内著作権法令研究会＝通商産業省知的財産政策室編『著作権法・不正競争防止法改正解説』（有斐閣，1999）214-215頁。

暗号化によるプロテクションについては，このような理由は当てはまらないが，2018年の改正にあたっても，その検討の過程で取りまとめられた産業構造審議会知的財産分科会営業秘密の保護・活用に関する小委員会「第四次産業革命を視野に入れた不正競争防止法に関する検討　中間取りまとめ」（2017年5月）において，「技術的制限手段を無効化する行為自体に関しては，その行為自体を不正競争行為とすべきとの意見があった一方で，無効化した上での使用・提供を捕まえることの方が不正競争防止法の法目的から妥当ではないかとの意見があった」と述べられるにとどまっている。今後，技術的制限手段を無効化する行為自体が不正競争行為とされるような改正がなされる見込みは低いといえる。

4　AI開発にあたっての他人の著作物の利用

（1）　改正前著作権法第47条の7の規律

　上記2のとおり，現在実用化が進んでいる AI の開発にあたっては，大量のデータを収集し，AI プログラムによる機械学習を行う過程が欠かせない。当該大量のデータに著作物が含まれている場合も考えられるが（そのような場合の例としては，画像認識の機械学習のために，インターネット上に公開された写真を使用するような場合，作曲をする AI を開発するために既存の音楽のデータを使用する場合等がある[6]），他人の著作物を，許諾なく収

6　たとえば，Google は画像認識をする AI の学習のために YouTube 上の動画を読み込ませているが，YouTube のユーザは，動画を投稿する際，YouTube 利用規約に従い，当該動画に関して YouTube（Google の子会社）に対しライセンスを付与しているため，Google は YouTube 上の大量のデータを AI 開発に使用することができる。著作権法は各国ごとに異なるので，本項で解説するような機械学習への利用行為の適法性が明確でない国も少なくない。このように，各国の著作権法にとらわれることなく，規約による契約上の同意に基づいて，大量のデータを自由に使えることが，Google 等の世界的 IT プラットフォーム企業の AI 開発における大きな強みであるといえる。

集・利用することは適法だろうか。

　他人の著作物を収集してAIの学習プログラムに読み込ませるにあたっては，通常，その過程で記憶媒体への複製を行うことになるから，無許諾で行うと複製権（著作権法21条）の侵害に当たるようにも思われるところである。しかし，日本の著作権法は，このような複製等を適法に行うことを可能とする権利制限規定を用意している。

　2018年改正前の著作権法は，47条の7として次のような規定を置いていた。

（情報解析のための複製等）
改正前著作権法第47条の7　著作物は，電子計算機による情報解析(a)（多数の著作物その他の大量の情報から，当該情報を構成する言語，音，影像その他の要素に係る情報を抽出し，比較，分類その他の統計的な解析(b)を行うことをいう。以下この条において同じ。）を行うことを目的とする場合には，必要と認められる限度において，記録媒体への記録又は翻案（これにより創作した二次的著作物の記録を含む。）を行うことができる(c)。ただし，情報解析を行う者の用に供するために作成されたデータベースの著作物については，この限りでない。

　この改正前著作権法47条の7は，「情報解析」（下線(a)）に当たる場合に，記録または翻案を行うことができる（下線(c)）としていた権利制限規定である。改正前著作権法の下でも，ディープラーニング等の，AIによる機械学習は，本条の「情報解析」に当たると考えられていた。

　ディープラーニングでは，AIプログラムが自律的に，与えられたデータから注目すべき特徴を見いだし，その特徴の程度を表す「特徴量」を得ることができる。ネコの画像認識を例に取ると，どの特徴を，どのような「特徴量」で表して，各「特徴量」がどの値を満たしていたら「ネコである」と判定すべきである，といった特徴量の設計を人間が行い，コンピュータに入力することは，至難の業である。この点，ディープラーニングでは，

AIが大量のデータを読み込む中で，自ら特徴量の抽出を行い，ネコの画像を認識できるようになるのである。

このような特徴量の抽出は，本条の「情報解析」の定義である，「情報を構成する言語，音，影像その他の要素に係る情報を抽出し，比較，分類その他の統計的な解析(b)を行うこと」に当たると考えられていた。ただし，下線部(b)のとおり「統計的な解析」でなければならないと規定されていたために，機械学習が「統計的な解析」に当たるかについて疑義があるとする意見がないわけではなかった。

（2） 2018年改正後の現行著作権法による柔軟な規定の導入

2018年改正（2019年1月1日より施行）後の現行著作権法では，改正前の47条の7は削除され，その趣旨は，現30条の4に引き継がれた。

2018年の著作権法改正は，デジタル化・ネットワーク化の進展に対応するために，従来の権利制限規定よりも柔軟な権利制限規定をいくつか整備することを主眼としている。30条の4はそのような規定の1つであり，著作物に表現された思想または感情を自ら享受しまたは他人に享受させることを目的としない場合について，柔軟な権利制限を定めたものである。改正後の30条の4は次のとおり規定する。

（著作物に表現された思想又は感情の享受を目的としない利用）
改正後著作権法第30条の4　著作物は，次に掲げる場合その他の当該著作物に表現された思想又は感情を自ら享受し又は他人に享受させることを目的としない場合には，その必要と認められる限度において，いずれの方法によるかを問わず，利用することができる(d)。ただし，当該著作物の種類及び用途並びに当該利用の態様に照らし著作権者の利益を不当に害することとなる場合は，この限りでない。
（一　略）

二　情報解析(e)（多数の著作物その他の大量の情報から，当該情報を構成する言語，音，影像その他の要素に係る情報を抽出し，比較，分類その他の解析(f)を行うことをいう。第47条の5第1項第2号において同じ。）の用に供する場合

（三　略）

　著作物が有する経済的価値は，通常，著作物の視聴等をする者が，当該著作物に表現された思想または感情を享受して，その知的・精神的欲求を満たすという効用を得るために，市場においてその対価の支払いをすることによって，現実化されていると考えられる。したがって，著作物に表現された思想または感情を享受することを目的としない行為については，著作物に表現された思想または感情を享受しようとする者からの対価回収機会を損なうものではなく，著作権法が保護しようとしている著作権者の利益を通常害するものではないと評価できる。30条の4は，このような，実質的には権利者の対価回収機会を損なわないものの，形式的には権利侵害となってしまう一定の行為を広く権利制限の対象とする趣旨で新たに整備された規定である。

　改正前の47条の7に規定されていた，コンピュータの情報解析の用に供する場合の権利制限は，この改正後の30条の4に該当する典型的な場合として[7]，2号に挙げられている。この2号の例示がわざわざ設けられたのは，改正前の47条の7により権利制限された行為が引き続き権利制限されることを明らかにするとともに，AIによる機械学習のような利用について権利制限が認められる範囲が旧法より広く認められるようになることを明らかにしようとしたものである。

───────────────

　7　30条の4は，上述のような行為について広く権利制限することを目的としているため，同条各号は限定列挙ではなく，例示列挙である。そのことを示すために，同条柱書には「〔中略〕次に掲げる場合その他の〔中略〕」と規定されている。

（3） 現行著作権法第30条の4の解説

　機械学習のためのデータの読み込みは，現行著作権法30条の4第2号の「情報解析」（下線(e)）に当たることになる。改正前の47条の7では，権利制限の対象となる「情報解析」（下線(a)）の定義が，上述のとおり，「〔中略〕その他の統計的な解析(b)を行うこと」とされていたが，現行法30条の4第2号では単に「〔中略〕その他の解析(f)を行うこと」とされたため，機械学習が「情報解析」に該当することに疑義はなくなった。

　元データおよび学習用データの作成も，機械学習の前段階として行われるのであれば，「本条の情報解析の用に供するため」に行われるものであり，当該著作物に表現された思想または感情を自ら享受しまたは他人に享受させることを目的としないものであるので，本条の適用があると考えられる。

　AIについて本条が適用されるのは，開発段階の機械学習において学習用データとして他人の著作物を利用する場合に限られない。情報解析の用に供する場合その他の，当該著作物に表現された思想または感情を自ら享受しまたは他人に享受させることを目的としない場合に広く適用されるから，AIの利用段階において，AIにより対象著作物の解析を行い，その結果の出力が，当該著作物の表現を含まない場合には，本条によって，当該著作物を著作権者の許諾を得ることなく利用することができることになる。たとえば，類似するテイストの音楽をレコメンドするAIのサービスに，特定の楽曲を読み込ませ，レコメンドの結果を得るような場合には，当該特定の楽曲の著作権者の許諾を得ることなく，当該楽曲を読み込ませることができることになる。

　機械学習等の情報解析の用に供する場合には，同条柱書によって，「その必要と認められる限度において，いずれの方法によるかを問わず，利用することができる(d)」とされている。改正前の47条の7では，「記録又は翻案（これにより創作した二次的著作物の記録を含む。）を行うことがで

きる(c)」とされていて，権利制限されるのは，複製権と翻案権に限られていたが，現行法30条の4では制限がなく，これらに加えて，公衆送信権，譲渡権等も権利制限の対象となった。したがって，AIの学習用データを自ら収集する場合（複製を行うことになる）のみならず，自ら収集した学習用データを第三者に提供すること（公衆送信または複製物の譲渡を行うことになる）も，AIの機械学習の目的であることを限定して行う限りにおいては，本条により，権利者の許諾を得ずに行うことができることになった。

注意すべき点としては，30条の4は，著作者人格権の行使を制限するものではないので（著作権法50条），機械学習のために他人の著作物を改変する場合には，同一性保持権（同法20条1項）の侵害が問題になる可能性は残るということがある。とはいえ，他人の著作物自体の利用を目的とするものではなく，利用の態様としても，AIに読み込ませる大量のデータの1つとして用いるにとどまるから，同条2項4号の「やむを得ないと認められる改変」として許されると解釈される可能性が高いと考えられる。

なお，改正前の47条の7では，ただし書で，「情報解析を行う者の用に供するために作成されたデータベースの著作物」は対象外とされて，他人が学習用データとして作成したデータベースを許諾なく利用してAIに読み込ませることは，許されないものとされていた。現行法30条の4では，このようなデータベースを学習用データとして利用することは，柱書き中のただし書の「当該著作物の種類及び用途並びに当該利用の態様に照らし著作権者の利益を不当に害することとなる場合」に該当することになり，やはり本条は適用されないことになると考えられる。

▶ 5 AIの利用に付随する他人の著作物の利用

2018年改正著作権法では，AIを利用する際における，他人の著作物の

第4章　AIの保護と開発支援の法制度　67

軽微利用についても，新たに規定が設けられたので，この規定についても
紹介しておこう。

（電子計算機による情報処理及びその結果の提供に付随する軽微利用等）
著作権法第47条の5　電子計算機を用いた情報処理により新たな知見又は情
　報を創出することによつて著作物の利用の促進に資する次の各号に掲げる
　行為を行う者（当該行為の一部を行う者を含み，当該行為を政令で定める
　基準に従つて行う者に限る。）は，公衆への提供又は提示（送信可能化を
　含む。以下この条において同じ。）が行われた著作物（以下この条及び次
　条第2項第2号において「公衆提供提示著作物」という。）（公表された著
　作物又は送信可能化された著作物に限る。）について，当該各号に掲げる
　行為の目的上必要と認められる限度において，当該行為に付随して，いず
　れの方法によるかを問わず，利用（当該公衆提供提示著作物のうちその利
　用に供される部分の占める割合，その利用に供される部分の量，その利用
　に供される際の表示の精度その他の要素に照らし軽微なものに限る。以下
　この条において「軽微利用」という。）を行うことができる。ただし，当
　該公衆提供提示著作物に係る公衆への提供又は提示が著作権を侵害するも
　のであること（国外で行われた公衆への提供又は提示にあつては，国内で
　行われたとしたならば著作権の侵害となるべきものであること）を知りな
　がら当該軽微利用を行う場合その他当該公衆提供提示著作物の種類及び用
　途並びに当該軽微利用の態様に照らし著作権者の利益を不当に害すること
　となる場合は，この限りでない。
　（一　略）
　二　電子計算機による情報解析を行い，及びその結果を提供すること。
　（三　略）
2　前項各号に掲げる行為の準備を行う者（当該行為の準備のための情報の
　収集，整理及び提供を政令で定める基準に従つて行う者に限る。）は，公
　衆提供提示著作物について，同項の規定による軽微利用の準備のために必
　要と認められる限度において，複製若しくは公衆送信（自動公衆送信の場
　合にあつては，送信可能化を含む。以下この項及び次条第2項第2号にお
　いて同じ。）を行い，又はその複製物による頒布を行うことができる。た

だし，当該公衆提供提示著作物の種類及び用途並びに当該複製又は頒布の
部数及び当該複製，公衆送信又は頒布の態様に照らし著作権者の利益を不
当に害することとなる場合は，この限りでない。

　開発された AI を利用する段階において AI に著作物を解析等のために
読み込ませる場合には，30条の 4 の権利制限規定が活用できることは前述
のとおりである。

　47条の 5 は，コンピュータシステムを用いて一定の情報処理を行い，お
よびその結果を提供する者は，公表された著作物または送信可能化された
著作物について，その行為の目的上必要と認められる限度において，当該
行為に付随して，軽微な利用を行うことができるとした規定である。本条
は，適用がある場合を 1 項各号に限定列挙しており（30条の 4 が例示列挙
であるのと異なる），2 号で，情報解析サービス[8]を権利制限の対象となる
行為として定めている。

　たとえば，大量の論文や書籍等をデジタル化して，検証したい論文との
文章の一致について解析を行い，他の論文等からの剽窃の有無や剽窃率
等の情報の提供に付随して，剽窃箇所に対応するオリジナルの論文等の本
文の一部分を表示するサービス（論文剽窃検証サービス）について見ると，
大量の論文や書籍等の解析のための読み込みと，検証したい論文の入力は，
30条の 4 により著作権者の許諾を得ることなく利用することが可能となる。
他方，剽窃箇所に対応するオリジナルの論文等の本文の一部分を表示する
ことは，47条の 5 によって許諾を得ることなく行うことが可能となるわけ
である。

8　「情報解析」の意義は，30条の 4 と同様である。

第5章

ビッグデータの法的保護

本章では，IoTとビッグデータの関係やビッグデータを活用した
サービス例などを簡単に紹介した上，「限定提供データ」に関す
る2018年の不正競争防止法の改正の内容と併せて，わが国におい
てビッグデータがどのような法律によって保護され得るのかを解
説する。

1 はじめに

　近年，送信可能なデータ量・送信速度の向上，無線通信などのインター
ネット通信の技術革新，スマートフォン・タブレット等の端末（デバイス）
の爆発的な増加や進歩，デバイスに搭載されたセンサ技術の発達等に伴い，
IoTサービスは急速に普及しはじめている。

　IoTサービスを支えるのは，インターネットを通じてデータベースに収
集・蓄積される大量のデータである。これらのデータは，「ビッグデータ」
と呼ばれている。ビッグデータは，IoTを活用した商品やサービスを開発・
提供する上で有用な情報であり，財産的な価値があるものとして企業間の
取引の対象にもなっている。そのため，IoT時代においては，このような
ビッグデータをどのように法的に保護していくのかが重要な問題の1つと
なっている。

　しかし，ビッグデータについては，わが国では，従来，たとえ価値ある

データであっても，特許法や著作権法の保護の対象となる場合や不正競争防止法の「営業秘密」（同法 2 条 6 項）に該当する場合を除き，不正な取得・使用・開示に対して法的措置を講ずることが困難であった。また，データは，その性質上，複製・提供が容易であることから，一度不正に流出すると一気に拡散してしまうため，ビッグデータを保有する企業側の意見として，法的な保護が不十分なままでは，価値のあるデータの社外への提供について慎重にならざるを得ないといった意見も出されていた。

こうした状況を受けて，2018年に不正競争防止法の改正がなされ，同法（2019年 7 月 1 日施行）において，取引を通じて提供されるビッグデータを念頭に，新たに「限定提供データ」という概念が導入され，その不正取得・使用・開示を同法の禁止する不正競争と位置づけて保護するに至っている。

以下，IoT とビッグデータの関係やビッグデータを活用したサービス例などを簡単に紹介した上，上記の不正競争防止法の改正の内容と併せて，わが国においてビッグデータがどのような法律によって保護され得るのかについて解説する。

2　IoT とビッグデータ

(1) IoT とは

IoT（Internet of Things：モノのインターネット）とは，簡単にいえば，モノがインターネットにつながることをいう。具体的には，センサを搭載したモノとモノがインターネットなどの通信ネットワークを介してお互いに連動するような仕組みのことをイメージしておけばよいだろう。

図表5－1 IoTのイメージ

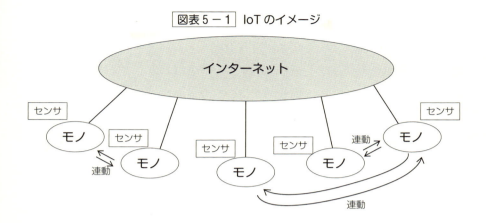

（2） IoTを支えるビッグデータ

デバイスに搭載されたセンサ等からインターネットを通じて収集・蓄積されるビッグデータは、IoTサービスを支えるものである。それゆえ、ビッグデータとIoTはセットで語られることも多い。

ただし、ビッグデータは、収集・蓄積しただけで役に立つわけではなく、IoTサービスで有効に活用するためには、収集した膨大なビッグデータを的確に分析することが重要となる。かかる分析の過程において、AI技術が活用されることも多く、IoTサービスは、ビッグデータやAI技術などがそれぞれ密接に関連している。

図表5－2 IoT，ビッグデータ，AIの関係性

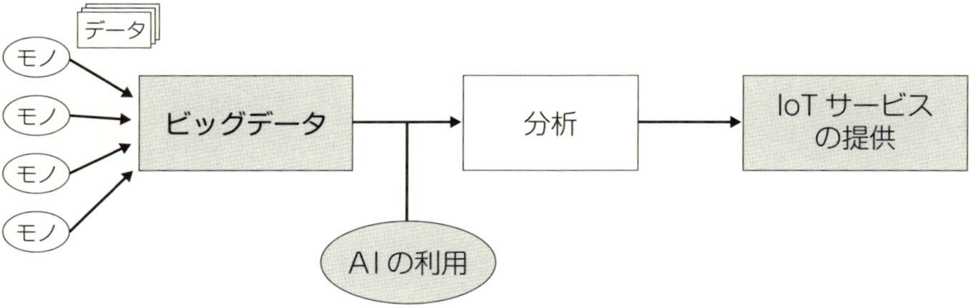

このようなビッグデータの収集・蓄積・分析により，事業者は，IoT サービスの品質等の向上を図ることができる。しかし，その一方で，事業者が個人の行動履歴等に関するパーソナルデータ含むビッグデータを収集・活用するにあたっては，個人情報の流出やプライバシー侵害のおそれがあるため，個人情報の保護やプライバシーとの調整が必要となる。わが国では，個人情報の取扱いについては，個人情報保護法によって規制されており，また，判例上，個人のプライバシー権も認められているため，ビッグデータの活用はこれらによって制約されることになる（詳しくは，第7章の「ビッグデータとプライバシー法制」を参照されたい）。

（３） ビッグデータを活用したサービスの具体例

ビッグデータを活用した IoT サービスには，①収集・蓄積したビッグデータそれ自体を活用するものや，②収集・蓄積したビッグデータによってデバイスを機能させるものがあるが，両者を厳密に分類するのが難しい場合もある。現在，実用化されているまたは実用化されつつあるビッグデータを活用したサービスの主な具体例としては，以下**図表５－３**のようなものが挙げられる。

このように，IoT，ビッグデータを利用した製品やサービスは，製造，小売，運送，公共交通機関，医療，電力，金融などあらゆる分野に浸透しているため，IoT，ビッグデータを活用した商品・サービスに関連する法律は，多岐にわたる。

また，IoT，ビッグデータを活用した商品，サービスは，先端技術が関係し，かつ，新しい商品・サービスが次々に登場してくるので，法律整備が追いついていない部分もある。

第5章　ビッグデータの法的保護　**73**

図表5-3　ビッグデータの活用例

①	ターゲティング広告	PC，スマートフォンなどの端末から収集したユーザの閲覧情報やコンテンツの利用情報等を分析し，ユーザにとって最適と思われる広告を配信するサービス
②	健康状態のモニタリング	ウェアラブル端末等で収集・記録したデータを健康管理に利用するサービス[1]
③	スマートシティ	街灯，ゴミ収集箱，駐車場といった街中のあらゆるものにセンサを設置し，インターネットに接続することにより，市街の課題を解決する取組み[2]
④	スマートハウス	エアコン，照明，太陽光発電などの機器をインターネットに接続し，これらの機器から収集されるデータを分析することにより，家庭内のエネルギー消費が効率的に制御された住宅
⑤	スマートスピーカー（AIスピーカー）	自宅内で音声により情報検索・買物・家電を操作することができる製品[3]
⑥	信用スコア	さまざまなパーソナルデータを分析し，個人の信用力を数値化して提供するサービス（詳しくは，「第7章　ビッグデータとプライバシー法制」を参照されたい。）[4]
⑦	自動運転システム	車体に搭載したセンサ，カメラ等により周囲の環境を把握し，インターネット上で地図情報や交通情報と照合するなどして，人が運転しなくても自動で走行することができるシステム
⑧	ドローン	ドローンを利用して監視，モニタリング，測量，点検・整備等に活用するサービス[5]

1　代表例としては，コンタクトレンズにセンサを組み込んで眼圧の変化等を計測する「スマートコンタクトレンズ」が挙げられる。日本では，たとえば，株式会社シードが2018年9月14日にセンサ内蔵のスマートコンタクトレンズにより眼圧の変化により誘発される角膜曲率の変動の測定を可能とする「トリガーフィッシュシステム」（トリガーフィッシュセンサ（角膜曲率変動測定計）およびトリガーフィッシュ（テレメントリー式生体信号測定装置））の日本国内における製造販売の承認を厚生労働省より取得し，同年12月25日から発売を開始している（https://ssl4.eir-parts.net/doc/7743/announcement/47247/00.pdf）。

2　スマートシティの代表例としては，スペイン・バルセロナ市の取組みが挙げられる。「バルセロナでは，Wi-Fiを共通インフラとして提供することによる公共サービスの効率化を

実現しており，具体的には，街灯にセンサーを設置することによる明るさの自動調整及び省エネの実現，ゴミ収集箱にセンサーを設置し空き状況を把握することによるゴミ収集の経費削減等を実現している。」(情報通信審議会2015年12月14日付け「『IoT／ビッグデータ時代に向けた新たな情報通信政策の在り方』中間答申～『データ立国ニッポン』の羅針盤～」10頁)。なお，総務省では，上記のような「インフラ整備を基礎とするスマートシティとは異なる，データ利活用型のスマートシティの構築を推進する」とし，「データ利活用型のスマートシティは，クラウド型の共通基盤で多種多様なソリューションがその上で構築・展開されることを前提としたオープンなシステムとし，地域のベンチャー企業なども当該プラットフォームを活用したソリューションの提供を行うことも可能とする。」としている(情報通信審議会2017年7月20日付け『IoT／ビッグデータ時代に向けた新たな情報通信政策の在り方』第四次中間答申23頁)。

3 スマートスピーカーの代表例としては，Google 社の「Google home」，Amazon 社の「Amazon Echo」，LINE 株式会社の「LINE Clova」などが挙げられる。

4 信用スコアは，中国のアリババグループの金融関連会社の「芝麻信用(ジーマしんよう)」やチャットアプリの wechat を提供するテンセント社の「騰訊信用(テンセント信用)」が有名であり，すでに中国では市民社会に広く普及している。日本でも，ヤフー株式会社が2018年10月10日に同社の保有するビッグデータを利用してユーザの信用を数値化する信用スコア事業に算入することを表明している。

5 たとえば，建築分野において，カメラと通信設備を搭載したドローンを用いて建築中の建物を空撮し，これとクラウド上の設計図を照合させることで安全に施工を行うなどに活用されている（たとえば，株式会社小松製作所の建設業者向け支援サービス「スマートコンストラクション」(日本経済新聞電子版2015年10月7日「コマツ，『ドローン革命』挑む 土木現場を3Dで把握」(http://www.nikkei.com/article/DGXLZO92545040X01C15A0TI1000/）))。

3 ビッグデータの法的保護

(1) ビッグデータの活用を支える技術の保護

ビッグデータを活用した技術は，それが「発明」(=「自然法則を利用した技術的思想の創作のうち高度のもの」(特許法2条1項))に該当するものであれば，特許権によって保護される可能性がある(ただし，特許権としての保護を受けるためには，当該発明を特許庁に出願し，設定登録を受ける必要がある[1])。

また，それを特許出願せずにノウハウとして保持した場合には，当該ノウハウは不正競争防止法上の「営業秘密」(不正競争防止法2条6項)として保護される可能性がある。

第5章　ビッグデータの法的保護　75

さらに，ビッグデータを収集または分析等するためのソフトウェアは，「発明」として特許権によって保護される可能性があるだけでなく，「プログラムの著作物」（著作権法2条1項10号）として著作権によって保護される可能性もある。

もっとも，これらは，いずれもビッグデータに含まれるデータそれ自体を保護するものではなく，ビッグデータを活用したまたは活用するための技術を保護するものである。

（2）　不正アクセス禁止法等による規制（ビッグデータの間接的な保護）

IoTサービスにおいて収集・蓄積したビッグデータを管理，運用するにあたっては，セキュリティの問題を避けて通れない。IoTによりインターネットに接続するデバイスが増えれば，それだけセキュリティリスクに晒されるデバイスが増えることになるため，それらのデバイスに対するクラッキングやハッキングなど外部からの不正アクセスをいかに防止するかが重要な課題となる。

外部からの不正アクセスを防止するための法制度の中核に位置するものは，不正アクセス禁止法（不正アクセス行為の禁止等に関する法律）である。

不正アクセス禁止法は，不正ログイン（他人のID・パスワードを悪用して，本来アクセスする権限のないコンピュータを利用する行為），セキュリティ・ホール攻撃（コンピュータプログラムの不備を衝くことにより，本来アクセスする権限のないコンピュータを利用する行為）を「不正アクセス行為」とし

1　特許庁は，2017年3月22日付けで「特許・実用審査ハンドブック」についてIoT関連技術等に関する事例を追記する改訂を行った（同ハンドブックは，2018年3月14日，同年6月6日，2019年1月30日にそれぞれ追加改訂されている）。この中では，IoT関連技術に関し，発明該当性の判断，新規性の判断，進歩性の判断における考慮要素が示されている。また，IoT関連技術に関する，発明該当性の判断，新規性の判断，進歩性の判断の具体的な事例も発表されており，今後IoTサービスを実施するための技術の特許出願・審査にあたり参考となる。

て禁止し（同法3条），各行為を行った者に対して3年以下の懲役または100万円以下の罰金を科している（同法11条）。

　このほかにも，たとえば，ビッグデータを管理・蓄積するシステムにコンピュータウイルスを投与して発症させるなどして当該システムの動作を阻害した場合には，電子計算機損壊等業務妨害罪（刑法234条の2）[2]が成立する可能性がある。さらには，かかるコンピュータウイルスを作成，提供する行為については，不正指令電磁的記録作成等の罪（刑法168条の2）[3]が成立する可能性があり，また，正当な理由なくコンピュータウイルスを取得・保管していた場合には不正指令電磁的記録取得等の罪（同法168条の3）[4]が成立する可能性がある。

　これらの法制度も，ビッグデータに含まれるデータそれ自体を保護するものではなく，不正な取得手段を規制するものである。不正アクセス等を禁止することは，間接的にビッグデータの保護に資するものであるが，ビッグデータを不正取得すること自体を禁止しているものではなく，また，ビッグデータの不正使用等についてもカバーできない。

2　刑法234条の2（電子計算機損壊等業務妨害）　人の業務に使用する電子計算機若しくはその用に供する電磁的記録を損壊し，若しくは人の業務に使用する電子計算機に虚偽の情報若しくは不正な指令を与え，又はその他の方法により，電子計算機に使用目的に沿うべき動作をさせず，又は使用目的に反する動作をさせて，人の業務を妨害した者は，5年以下の懲役又は100万円以下の罰金に処する。
　　2　前項の罪の未遂は，罰する。
3　刑法168条の2（不正指令電磁的記録作成等）　正当な理由がないのに，人の電子計算機における実行の用に供する目的で，次に掲げる電磁的記録その他の記録を作成し，又は提供した者は，3年以下の懲役又は50万円以下の罰金に処する。
　　一　人が電子計算機を使用するに際してその意図に沿うべき動作をさせず，又はその意図に反する動作をさせるべき不正な指令を与える電磁的記録
　　二　前号に掲げるもののほか，同号の不正な指令を記述した電磁的記録その他の記録
　　2　正当な理由がないのに，前項第1号に掲げる電磁的記録を人の電子計算機における実行の用に供した者も，同項と同様とする。
　　3　前項の罪の未遂は，罰する。
4　刑法168条の3（不正指令電磁的記録取得等）　正当な理由がないのに，前条第1項の目的で，同項各号に掲げる電磁的記録その他の記録を取得し，又は保管した者は，2年以下の懲役又は30万円以下の罰金に処する。

（3） ビッグデータに含まれるデータの保護

　第三者による不正使用等からビッグデータを保護するための法制度としては，従来から，①著作権法（「著作物」「データベースの著作物」），②不正競争防止法（「営業秘密」），③個人情報保護法（「個人情報データベース等」），④民法（不法行為，契約（債務不履行）），などが考えられてきた。

　しかし，これらの①〜④の法制度による保護は，保護の対象が限定的であったり，救済措置が十分ではなかったりという問題点が指摘されてきた。

　こうした状況を受けて，2018年の不正競争防止法の改正により，新たに「限定提供データ」の概念が導入され，その不正取得，使用，開示が同法上の「不正競争」として位置づけられ，救済措置として差止請求や損害賠償請求も可能となった。

　以下では，従来の①〜④の保護の対象やその問題点を解説するとともに，2018年の不正競争防止法の改正の内容について解説する。

図表5－4 ビッグデータの法的保護

ビッグデータの活用を支える技術の保護

・特許法（発明）

・不正競争防止法（営業秘密）

・著作権法（プログラムの著作物）　etc.

不正アクセス等の禁止

・不正アクセス禁止法

・刑法（電子計算機損壊等業務妨害罪，
　不正指令電磁的記録作成等の罪等）　etc.

ビッグデータの保護

・著作権法（著作物，データベースの著作物）

・不正競争防止法（営業秘密，限定提供データ）

・個人情報保護法（個人情報データベース等）

・民法（不法行為，契約）　etc.

著作権法によるビッグデータの保護

● 「データベースの著作物」

　著作権法が保護の対象とする「著作物」とは，「思想又は感情を創作的に表現したものであつて，文芸，学術，美術又は音楽の範囲に属するもの」（同法2条1項1号）をいう。

　ビッグデータに含まれる個々のデータが創作性のある表現物のデータ（たとえば，楽曲，写真，動画，キャラクターデザイン，小説などのデータ）である場合には，当該データは「著作物」に該当し，著作権法の保護を受けられる。他方，ビッグデータに含まれる個々のデータが創作性のある表現物のデータではない場合には，当該データは「著作物」に該当せず，著作権法の保護を受けられないのが原則である。

　しかし，個々のデータが著作物に該当しなくても，ビッグデータを全体としてみた場合に「データベースの著作物」として保護される可能性がある。

　すなわち，著作権法は，「データベース」を「論文，数値，図形その他の情報の集合物であつて，それらの情報を電子計算機を用いて検索することができるように体系的に構成したもの」と定義し（同法2条1項10号の3），「データベースでその情報の選択又は体系的な構成によつて創作性を有するものは，著作物として保護する」と規定している（同法12条の2）。ここでいう「情報の選択」とは，多数の情報の中から，どの情報を収録するかを決定することであり，「体系的な構成」とは，コンピュータが情報を効率的に検索し得るようにするために，一定の体系を設定し，それに従って情報を整理・組み立てることをいう。

　ビッグデータは，通常はコンピュータを用いた検索が可能なものであることから，「データベース」に該当するものがほとんどであると考えられる。そのため，その情報の選択または体系的な構成に創作性が認められれば，当該データは「データベースの著作物」に該当し，著作権法の保護を受け

第5章 ビッグデータの法的保護　79

られる。

● 著作権の制限規定

　ビッグデータが著作権法上の「著作物」または「データベースの著作物」
に該当する場合には，著作権者の許諾なく当該データを利用すると，原則
として，著作権侵害となり，救済措置として，救済措置として差止請求や
損害賠償請求が可能となる。

　しかし，著作権法は，「第2章第3節第5款　著作権の制限」(30条～50
条) において，例外的に著作物を著作権者の許諾なく利用できる場合を定
めている。

　これらの著作権の制限規定に該当する場合には，著作権者の許諾なく，
著作物に該当するビッグデータを自由に利用することが可能である。

　たとえば，著作権法は，「情報解析（多数の著作物その他の大量の情報
から，当該情報を構成する言語，音，影像その他の要素に係る情報を抽出
し，比較，分類その他の解析を行うことをいう。〔中略〕）の用に供する場
合」において，「その必要と認められる限度において，いずれの方法による
かを問わず，利用することができる」と定めているが（著作権法30条の
4第2号），この規定によって，著作権者の許諾がなくても，著作物に該
当するビッグデータを AI の機械学習に利用することができる。

　なお，代表的な著作権の制限規定の概要は，**図表5－5**記載のとおりで
ある。

図表5−5	主な著作権の制限規定	
①	私的使用のための複製	著作権法30条
②	付随対象著作物の利用	同法30条の2
③	検討の過程における利用	同法30条の3
④	著作物に表現された思想または感情の享受を目的としない利用	同法30条の4
⑤	引用	同法32条
⑥	営利を目的としない上演等	同法38条
⑦	電子計算機における著作物の利用に付随する利用等	同法47条の4
⑧	電子計算機による情報処理およびその結果の提供に付随する軽微利用等	同法47条の5

● 著作権法による保護の問題点

　上述のとおり，ビッグデータが「データベースの著作物」として保護されるためには，(i)「情報の選択」または(ii)「体系的な構成」に創作性が認められる必要がある。しかし，この点に関しては，以下のような問題点がある。

　すなわち，(i)の「情報の選択」については，IoT サービスで収集・蓄積されるビッグデータは，自動的・機械的に収集・蓄積されるがゆえに，そこに創作的な情報の選択がないのではないかという問題がある。ただし，いくら自動的・機械的に情報を収集するといっても，多くの情報の中から，どのような種類の情報を収集するかを決定する段階や収集した情報を加工する段階で選択の創作性が働く余地がある。また，(ii)の「体系的な構成」についても，IoT サービスで収集されるビッグデータをそのまま蓄積しただけでは創作的な体系的な構成が行われているとはいえない。ただし，検索しやすいように収集される情報をどのような分類や項目で整理するかを決定する段階や収集した情報を加工する段階で体系的な構成の創作性が働く余地がある。

また，AI技術の進展によって，ビッグデータの収集・蓄積がAIによって自動的・機械的になされるようになると別の問題点も生じる。

すなわち，著作権法が保護の対象とする著作物は，人間が「思想又は感情を創作的に表現したもの」であることを前提としている（同法2条1項1号）。現在の技術では，人間がコンピュータを道具として用いて情報の選択や体系的な構成を行っているといえる場合が多いと思われる。しかし，AI技術の発展によって，「情報の選択」や「体系的な構成」をどうするかについて，人間ではなく，コンピュータが判断して決定したといえる場合もあり得る。その場合には，当該「情報の選択」や「体系的な構成」の結果として表現されるものは，人間が「思想又は感情を創作的に表現したもの」ではないので，著作物としての保護を受けられないことに留意が必要である。

AIがどのような情報を収集するかも含めて自ら決定する時代は迫っており，今後，データベースの著作物の問題に限らず，第2章の「AI創作物と知財」で述べたとおり，人間の創作活動を前提とした著作権法その他知的財産権の保護体系全体の見直しが迫られている。

不正競争防止法上の「営業秘密」による保護

●「営業秘密」とは

不正競争防止法は，同法の保護の対象となる「営業秘密」を「秘密として管理されている生産方法，販売方法その他の事業活動に有用な技術上又は営業上の情報であって，公然と知られていないもの」と定義している（同法2条6項）。

すなわち，同法の「営業秘密」として保護されるためには，①秘密として管理されていること（秘密管理性），②事業活動に有用な技術上または営業上の情報であること（有用性），③公然と知られていないものであること（非公知性），の3つが要件を充足する必要がある。

上記①の「秘密として管理されている」と認められるためには，主観的

にその情報を秘密にしたいという意思を持っているだけでは足りず，その情報が客観的に秘密として管理されていると認められる状態にある必要がある。秘密管理性は，多くの裁判例では，(a)当該情報にアクセスできる者が制限されていること（アクセス制限），(b)当該情報にアクセスした者に当該情報が営業秘密であることが認識できること（客観的認識可能性）を考慮して判断している[5]。

　上記②の「有用」とは，「財やサービスの生産，販売，研究開発に役立つなど事業上有用な情報」[6]であることが必要であり，有用かどうかは客観的に判断される。実際に当該情報が事業活動に使用されていなくても，潜在的に価値がある場合も含み，過去に失敗した研究データ（当該情報を利用して研究開発費用を節約できる）や製品の欠陥情報（欠陥製品を検知するための精度の高い AI 技術を利用したソフトウェアの開発には必要な情報）等のいわゆるネガティブ・インフォメーションであっても有用性は認められる[7]。しかし，犯罪の手口や脱税の方法等を教唆し，あるいは麻薬・覚醒剤等の禁制品の製造方法や入手方法を示す情報のような公序良俗に反する内容の情報は，法的な保護の対象に値しないので，事業活動に有用な情報として営業秘密としての保護を受けられない。

　上記③の「公然と知られていない」とは，当該営業秘密が一般的に知られた状態になっていない状態，または容易に知ることができない状態をいい，具体的には，当該情報が合理的な努力の範囲内で入手可能な刊行物に記載されていない，公開情報や一般に入手可能な商品等から容易に推測・

5　経済産業省「営業秘密管理指針」（最終改訂2019年 1 月23日）では，①②の関係について，「両者は秘密管理性の有無を判断する重要なファクターであるが，それぞれ別個独立した要件ではなく，「アクセス制限」は，「認識可能性」を担保する 1 つの手段であると考えられる。したがって，情報にアクセスした者が秘密であると認識できる（「認識可能性」を満たす）場合に，十分なアクセス制限がないことを根拠に秘密管理性が否定されることはない」と説明されている（同指針 6 頁）。

6　東京地判平成14年 2 月14日（最高裁ホームページ）

7　前掲注 5 ・「営業秘密管理指針」16-17頁

分析されない等，保有者の管理下以外では一般的に入手できない状態である[8]。

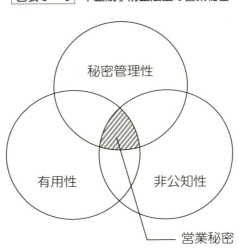

図表5-6 不正競争防止法上の営業秘密

企業が保有しているビッグデータが上記の①秘密管理性，②有用性，③非公知性の3つの要件を充足する場合には，不正競争防止法の「営業秘密」として保護されることになる。

● 不正競争（営業秘密侵害）となる行為①　民事

ビッグデータが「営業秘密」に該当する場合であっても，その不正取得，使用，開示のすべてが不正競争防止法上の不正競争（営業秘密侵害）となるわけではない。不正競争防止法は，以下のとおり，「営業秘密」の不正取得等のうち，2条1項4号～10号の7つの類型に該当する行為に限って不正競争（営業秘密侵害）としている。

8　前掲注5・「営業秘密管理指針」17頁

営業秘密侵害行為の類型は，概略，次頁の**図表5－7**のように整理される。

図表5－7 営業秘密侵害の類型（民事）

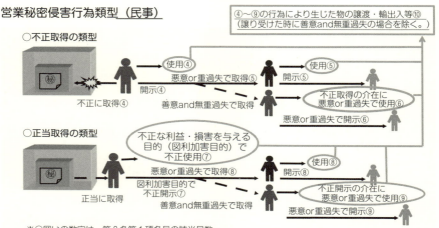

※○囲いの数字は，第2条第1項各号の該当号数
※悪意or重過失＝当該行為があったことを知っている，あるいは重大な過失により知らない
※善意and無重過失＝当該行為があったことを，重大な過失なく知らない

適用除外（第19条）

・④～⑨については，その営業秘密が不正取得されたり，不正開示されたりしたものであることについて善意・無重過失で，その営業秘密をライセンス契約などの取引により取得した者が，そのライセンス契約などの範囲内で，その営業秘密を使用・開示する行為には適用されない（取得後に悪意となった場合も含む）。（第19条第1項第6号）
・⑩については，時効の成立や除斥期間の経過により差止請求ができなくなった営業秘密の使用行為により生じた物には適用されない。（同項第7号）

出所：経済産業省「知的財産政策室　不正競争防止法2018ver.2」23頁をもとに作成

第5章　ビッグデータの法的保護　85

営業秘密侵害行為の具体的な内容は，以下のとおりである。

①	4号	窃取，詐欺，強迫その他の不正の手段により営業秘密を「取得」する行為（＝「不正取得行為」）または不正取得行為により取得した営業秘密を「使用」し，もしくは「開示」する行為
②	5号	その営業秘密について不正取得行為が介在したことを知って，もしくは重大な過失により知らないで営業秘密を「取得」する行為，またはその取得した営業秘密を「使用」し，もしくは「開示」する行為
③	6号	その取得した後に，不正取得行為が介在したことを知って，または重大な過失により知らないでその取得した営業秘密を「使用」し，または「開示」する行為
④	7号	営業秘密の事業者（＝「保有者」）からその営業秘密を示された場合において，不正の利益を得る目的またはその保有者に損害を加える目的（＝図利加害目的）で，その営業秘密を「使用」し，または「開示」する行為
⑤	8号	その営業秘密について不正開示行為（＝7号の不正開示行為または守秘義務違反）であることもしくはその営業秘密について不正開示行為が介在したことを知って，または重大な過失により知らないで営業秘密を「取得」し，またはその取得した営業秘密を「使用」し，もしくは「開示」する行為
⑥	9号	その取得した後に，その営業秘密について不正開示行為があったこともしくはその営業秘密について不正開示行為が介在したことを知って，または重大な過失により知らないで，その取得した営業秘密を「使用」し，または「開示」する行為
⑦	10号	第4号から前号までに掲げる行為（技術上の秘密を使用する行為に限る。＝「不正使用行為」）により生じた物を譲渡し，引き渡し，譲渡もしくは引渡しのために展示し，輸出し，輸入し，または電気通信回線を通じて提供する行為（当該物を譲り受けた者（その譲り受けた時に当該物が不正使用行為により生じた物であることを知らず，かつ，知らないことにつき重大な過失がない者に限る）が当該物を譲渡し，引き渡し，譲渡もしくは引渡しのために展示し，輸出し，輸入し，または電気通信回線を通じて提供する行為を除く）

なお，上記の10号（営業秘密侵害品の譲渡等）以外の不正競争については，取引によって営業秘密を取得した者が，取得時に不正行為の介在について善意・無重過失であった場合には，当該営業秘密について契約等に基づき取得した権原の範囲内（契約等で定められた条件の範囲内）で使用または開示することは，不正競争としない旨の適用除外規定を設けている（不正競争防止法19条1項6号）。転得者が営業秘密を取得した際には，不正行為の介在について善意・無重過失であったにもかかわらず，その後に悪意に転じた場合にはその使用行為や開示行為が侵害の対象になるとすると，転得者は不測の不利益を被り，取引の安全を害されることになるからである。

ビッグデータの不正取得，使用，開示が上記のいずれかの類型の行為に該当する場合には，同法の対象となる営業秘密侵害行為となり，救済措置として差止請求（同法3条）や損害賠償請求（同法4条）が認められる。

そして，不正競争防止法では，損害賠償金額の推定等の規定（同法5条1項。後述の**図表5－11**参照），書類等の提出命令（同法7条1項），損害計算のための鑑定（同法8条），相当な損害額の認定（同法9条），秘密保持命令（同法10条），当事者尋問等の公開停止（同法13条）など立証活動等に関する特別な規定が設けられており，ビッグデータの不正取得等が営業秘密侵害に該当する場合には，これらの規定の恩恵を享受することができる。

● 不正競争（営業秘密侵害）となる行為②　刑事

不正競争防止法は，営業秘密侵害のうち，一定の悪質な類型に該当する行為を営業秘密侵害罪として刑事罰の対象としている。

営業秘密侵害罪の類型は，概略，次頁の**図表5－8**のように整理される。

第5章 ビッグデータの法的保護　87

|図表 5 − 8 |　営業秘密侵害罪の類型（刑事）

営業秘密侵害罪の類型　(刑事)　(第21条第1項，第3項) ①

○不正な手段（詐欺・恐喝・不正アクセスなど）による取得のパターン

(1号) 図利加害目的で，詐欺等行為又は管理侵害行為によって，営業秘密を不正に取得する行為

(2号) 不正に取得した営業秘密を，図利加害目的で，使用又は開示する行為

詐欺等行為・管理侵害行為により，営業秘密を不正に取得①

詐欺等行為・管理侵害行為により不正に取得

○正当に営業秘密が示された者による背信的行為のパターン

(3号) 営業秘密を保有者から示された者が，図利加害目的で，その営業秘密の管理に係る任務に背き，(イ) 媒体等の横領，(ロ) 複製の作成，(ハ) 消去義務違反＋仮装，のいずれかの方法により営業秘密を領得する行為

(4号) 営業秘密を保有者から示された者が，第3号の方法によって領得した営業秘密を，図利加害目的で，その営業秘密の管理に係る任務に背き，使用又は開示する行為

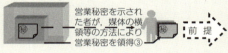

営業秘密を示された者が，媒体の横領等の方法により営業秘密を領得③

営業秘密を示された者が，3号の方法により営業秘密を領得

(5号) 営業秘密を保有者から示された現職の役員又は従業者が，図利加害目的で，その営業秘密の管理に係る任務に背き，営業秘密を使用又は開示する行為

(6号) 営業秘密を保有者から示された退職者が，図利加害目的で，在職中に，その営業秘密の管理に係る任務に背いて営業秘密の開示の申込みをし，又はその営業秘密の使用若しくは開示について請託を受け，退職後に使用又は開示する行為

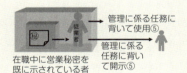

在職中に営業秘密を既に示されている者

在職中に営業秘密を既に示されている者　　在職中に「図利加害目的」で使用・開示の約束

営業秘密侵害罪の類型 (刑事) (第21条第1項,第3項) ②

○転得者による使用・開示のパターン

（7号）図利加害目的で，②，④～⑥の罪に当たる開示（海外重罰の場合を含む）によって取得した営業秘密を，使用又は開示する行為（2次的な転得者を対象）

（8号）図利加害目的で，②，④～⑦の罪に当たる開示（海外重罰の場合を含む）が介在したことを知って営業秘密を取得し，それを使用又は開示する行為（3次以降の転得者をすべて対象）

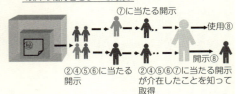

○営業秘密侵害品の譲渡等のパターン

（9号）図利加害目的で，②，④～⑧の罪に当たる使用（海外重課の場合を含む）によって生産された物を，譲渡・輸出入する行為

情を知って譲り受け

○海外重罰のパターン（21条3項）

（1号）日本国外で使用する目的での①又は③の行為

（2号）日本国外で使用する目的を持つ相手方に，それを知って②，④～⑧に当たる開示をする行為

（3号）日本国外で②，④～⑧に当たる使用をする行為

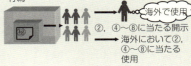

刑事規定（第21条第1項，第3項）

罰 則：10年以下の懲役若しくは2000万円以下の罰金
　　　（又はこれの併科）
　　　法人両罰は5億円以下の罰金（第22条第1項第2号）
　　　※海外使用等は個人が3000万円以下，法人は10億円以下。

出所：経済産業省知的財産政策室「不正競争防止法 2018ver.2」25-26頁をもとに作成

第5章　ビッグデータの法的保護　89

　営業秘密侵害罪の具体的な内容は，次の**図表5－9**および**図表5－10**記載のとおりである。

| 図表5－9 | 不正競争防止法第21条第1項の罪 |

①	1号	不正の利益を得る目的またはその保有者に損害を加える目的（＝図利加害目的）で，詐欺等行為（＝人を欺き，人に暴行を加え，または人を脅迫する行為）または管理侵害行為（＝財物の窃取，施設への侵入，不正アクセス行為その他の保有者の管理を害する行為）により，営業秘密を「取得」した者
②	2号	詐欺等行為または管理侵害行為により取得した営業秘密を，図利加害目的で，「使用」し，または「開示」した者
③	3号	営業秘密を保有者から示された者であって，図利加害目的で，その営業秘密の管理に係る任務に背き，次のいずれかに掲げる方法でその営業秘密を「領得」した者 イ　営業秘密記録媒体等（営業秘密が記載され，または記録された文書，図画または記録媒体）または営業秘密が化体された物件を横領すること ロ　営業秘密記録媒体等の記載もしくは記録について，または営業秘密が化体された物件について，その複製を作成すること ハ　営業秘密記録媒体等の記載または記録であって，消去すべきものを消去せず，かつ，当該記載または記録を消去したように仮装すること
④	4号	営業秘密を保有者から示された者であって，その営業秘密の管理に係る任務に背いて前号イからハまでに掲げる方法により領得した営業秘密を，図利加害目的で，その営業秘密の管理に係る任務に背き，「使用」し，または「開示」した者
⑤	5号	営業秘密を保有者から示されたその役員（＝理事，取締役，執行役，業務を執行する社員，監事もしくは監査役またはこれらに準ずる者）または従業者であって，図利加害目的で，その営業秘密の管理に係る任務に背き，その営業秘密を「使用」し，または「開示」した者（前号に掲げる者を除く）
⑥	6号	営業秘密を保有者から示されたその役員または従業者であった者であって，図利加害目的で，その在職中に，その営業秘密の管理に係る任務に背いてその営業秘密の開示の申込みをし，またはその営業秘密の使用・開示について請託を受けて，その営業秘密をその職を退いた後に「使用」し，または「開示」した者（4号に掲げる者を除く）

⑦	7号	図利加害目的で，2号もしくは3号の罪または3項2号の罪（2号および3号の罪に当たる開示に係る部分に限る）に当たる開示によって営業秘密を「取得」して，その営業秘密を「使用」し，または「開示」した者
⑧	8号	図利加害目的で，2号もしくは4号から前号までの罪または3項2号の罪（2号および4号から前号の罪に当たる開示に係る部分に限る）に当たる開示が介在したことを知って営業秘密を「取得」して，その営業秘密を「使用」し，または「開示」した者
⑨	9号	図利加害目的で，自己または他人の2号もしくは4号から前号までまたは3項3号の罪に当たる行為（技術上の秘密を使用する行為に限る＝「違法使用行為」）により生じた物を譲渡し，引き渡し，譲渡もしくは引渡しのために展示し，輸出し，輸入し，または電気通信回線を通じて提供した者（当該物が違法使用行為により生じた物であることの情を知らないで譲り受け，当該物を譲渡し，引き渡し，譲渡もしくは引渡しのために展示し，輸出し，輸入し，または電気通信回線を通じて提供した者を除く）

図表5－10　不正競争防止法第21条第3項の罪

①	1号	日本国外において使用する目的で，1項1号または3号の罪に当たる行為をした者
②	2号	相手方に日本国外において1項2号または4号から8号までの罪に当たる使用をする目的があることの情を知って，これらの罪に当たる開示をした者
③	3号	日本国内において事業を行う保有者の営業秘密について，日本国外において1項2号または4号から8号までの罪に当たる使用をした者

　不正競争防止法21条3項は，海外での営業秘密の使用やそれを目的とした営業秘密の取得・開示について重い刑罰を科するものであり，海外重課と呼ばれている。

第5章　ビッグデータの法的保護　　91

● 「営業秘密」による保護の限界

　上述のとおり，ビッグデータであっても，①秘密管理性，②有用性，③非公知性の3つの要件を満たす場合には，不正競争防止法上の「営業秘密」としての法的保護を受けることができる。

　しかし，「営業秘密」による保護には，以下のような問題点がある。

　まず，ビッグデータの中には，秘密として管理されていないデータもあり，その場合には，①の秘密管理性の要件を満たさず，「営業秘密」としての保護を受けることができなくなる。秘密管理性の要件を満たすために，厳重に秘密を管理した上で提供することも考えられるが，それだと円滑な取引が阻害されるおそれもある。

　また，IoTサービスで自動的・機械的に収集・蓄積されるビッグデータの中には，公知のデータも含まれている場合があり，これらのデータについては，③の非公知性の要件を満たさない可能性もある（ただし，ビッグデータに含まれる一部のデータが公知であったとしても，当該データが全体として公知になっていない限り，当該データ全体として非公知性の要件を満たすと考えることもできる）。なお，ビッグデータが非公知性の要件を満たす場合であっても，ビッグデータがいったん公開されてしまうと，非公知の要件を満たさなくなってしまうため，「営業秘密」としての保護を受けられなくなる。

　さらに，ビッグデータが「営業秘密」に該当する場合であっても，その不正取得，使用，開示のすべてが不正競争防止法上の不正競争（営業秘密侵害）となるわけではなく，営業秘密侵害となるのは，上述の行為類型に限定されている。

個人情報保護法による保護

　ビッグデータが「個人情報データベース等」に該当する場合には，それを提供したり，窃取したりすると，個人情報保護法上の個人情報データベー

ス等提供等罪として刑事罰の対象となる可能性もある。

「個人情報データベース等」とは，個人情報を含む情報の集合物であって，次の①②に掲げるもの（利用方法からみて個人の権利利益を害するおそれが少ないものとして政令で定めるものを除く[9]）をいう（個人情報保護法2条4項）。

① 特定の個人情報を電子計算機を用いて検索することができるように体系的に構成したもの

② 特定の個人情報を容易に検索することができるように体系的に構成したものとして政令で定めるもの[10]

そして，個人情報保護法は，個人情報取扱事業者（その者が法人（法人でない団体で代表者または管理人の定めのあるものを含む）である場合にあっては，その役員，代表者または管理人）もしくはその従業者またはこれらであった者が，その業務に関して取り扱った個人情報データベース等（その全部または一部を複製し，または加工したものを含む）を自己もしくは第三者の不正な利益を図る目的で提供し，または盗用したときは，1年以下の懲役または50万円以下の罰金に処するとしている（同法83条）。

「個人情報データベース等」は，体系的な構成に創作性が要求されていない点で，著作権法の「データベースの著作物」よりも要件が緩やかといえる。また，「個人情報データベース等」は，秘密管理性が要求されていない点で，不正競争防止法の「営業秘密」よりも要件が緩やかといえる。

---

9 「法第2条第4項の利用方法からみて個人の権利利益を害するおそれが少ないものとして政令で定めるものは，次の各号のいずれにも該当するものとする。
　一 不特定かつ多数の者に販売することを目的として発行されたものであって，かつ，その発行が法又は法に基づく命令の規定に違反して行われたものでないこと。
　二 不特定かつ多数の者により随時に購入することができ，又はできたものであること。
　三 生存する個人に関する他の情報を加えることなくその本来の用途に供しているものであること」（個人情報保護法施行令3条1項）
10 「法第2条第4項第2号の政令で定めるものは，これに含まれる個人情報を一定の規則に従って整理することにより特定の個人情報を容易に検索することができるように体系的に構成した情報の集合物であって，目次，索引その他検索を容易にするためのものを有するものをいう」（個人情報保護法施行令3条2項）

第5章　ビッグデータの法的保護　　93

　しかし，「個人情報データベース等」は，当該データベースを構成するデータが個人情報を含むものであることが前提となっているため，個人情報データベース等提供等罪の対象となる範囲は限定されている。

民法（不法行為，契約（債務不履行））による保護

● 不法行為による保護

　仮にビッグデータが著作権法で保護される「データベースの著作物」あるいは不正競争防止法で保護される「営業秘密」や後述の「限定提供データ」に該当しないものであったとしても，それが資本や労力を投入して作成・獲得された情報であり，他人がこれを大量にデッドコピーするような場合には，当該行為が不法行為（民法709条）となる可能性もある。

　ただし，ある情報が知的財産法上の保護を受けない場合に不法行為が成立する場合があり得るのかは議論があるところである。

　この点について参考となる判例として，北朝鮮映画事件の最高裁判決[11]がある。

　同事件の主たる争点は，未承認国である北朝鮮の著作物（本件映画）がわが国の著作権法上保護されるかという点にあったが，原審の知財高裁は，本件映画の利用がわが国の著作権法上保護されることを否定しつつ，本件映画の無許諾放映は，「控訴人カナリオ企画〔筆者注：日本における本件映画の販売を許諾されていた事業者〕が本件映画の利用により享受する利益を違法に侵害する行為に当たる」として同控訴人に対する不法行為の成立を肯定した。これに対し，最高裁は，「（著作権法6）条各号所定の著作物に該当しない著作物の利用行為は，同法が規律の対象とする著作物の利用による利益とは異なる法的に保護された利益を侵害するなどの特段の事情がない限り，不法行為を構成するものではないと解するのが相当」と判示し，結論として不法行為の成立を否定した。

11　最判平成23年12月8日民集65巻9号3275頁

この最高裁判決も，「著作物の利用による利益とは異なる法的に保護された利益を侵害する」特段の事情がある場合には，不法行為が認められることは否定しておらず，たとえば，他の事業者が有償で販売しているデータをデッドコピーして同一の市場において廉価で販売するなどして損害を与えた場合には，自由競争を逸脱して営業上の利益を侵害するものとして不法行為が成立する可能性があるものと思われる。過去の裁判例でも，北朝鮮映画事件より前の事件であるが，たとえば，自動車データベースについて著作物性を否定しつつ，他人のデータベースを複製し販売した行為が不法行為に該当するとして損害賠償を認めた裁判例[12]もある。

ただし，北朝鮮映画事件以降，下級審判決において知的財産法上の保護を受けない場合に不法行為の成立を認めた裁判例はなく，ビッグデータに関して，どのような場合に不法行為となるかはなお不透明である。

● 契約（債務不履行）による保護

ビッグデータの法的保護としては，著作権や不正競争防止法等の保護のほか，契約による保護が考えられる。

上述のとおり，既存の法制度では，保護の対象が限定的であったり，救済措置が十分ではないという問題点があったりするが，契約によれば，当事者間の合意により，どのようなデータを対象とするのか，どのような利用条件とするのか，その利用から派生したデータの取扱いや権利帰属をどうするのか，管理方法をどうするのか，流失事故等が生じた場合の責任をどうするのか，などを具体的に定めることができるため，ビッグデータを柔軟に保護することができるというメリットがある[13]。

しかし，契約による保護にも，以下のようなデメリットがある。

まず，契約には「第三者効」がないという問題がある。すなわち，契約

12　東京地判平成13年5月25日判時1774号132頁（中間判決），東京地判平成14年3月28日判時1793号133頁（終局判決）〔自動車データベース事件〕

は，その契約当事者しか拘束しないため，契約関係にない第三者がそれを取得して使用したり，さらに他の第三者に提供・開示したりしたとしても，当該第三者に対して契約違反を理由に債務不履行責任を問うことはできない。

また，契約による保護の場合，たとえば，不正競争防止法の営業秘密による保護の場合と比較して，損害額の推定等の立証上の恩恵が受けられないという問題がある。

すなわち，たとえば，債務不履行に基づき損害賠償請求をする場合，請求する側で自己の被った損害を立証する必要があるが，その損害の発生や損害額を立証することが困難なことも少なくない。仮に損害の発生は確実であるが，損害額の立証が困難な場合であれば，民事訴訟法248条は，裁判所が相当な損害額を認定できると定められているものの，損害の発生自体が不明な場合には同条による損害賠償請求も認められない可能性がある。

これに対し，たとえば，不正競争防止法の営業秘密侵害の場合には，損害額の推定等の規定が設けられているほか（同法5条），書類等の提出命令（同法7条），損害計算のための鑑定（同法8条），相当な損害額の認定（同法9条），秘密保持命令（同法10条）などの立証活動等に関する特別な規定が設けられている。また，同法では，原告の立証責任を軽減するため，被告が生産方法等に係る技術上の営業秘密を不正取得し，当該営業秘密を使用する行為により生ずる物を生産等した場合には，被告が当該営業秘密を

---

13 具体的にどのような点に留意して契約を作成・締結するかについては，「契約ガイドライン」が参考となる。同ガイドラインは，①データ編と②AI編の2種類に分かれている。①データ編では，データ契約を「データ提供型」，「データ創出型」，「データ共用型（プラットフォーム型）」の3つの類型に整理した上，それぞれ構造，主な法的論点，適切な契約の取決め方法等を解説するとともに，「データ提供型」と「データ創出型」に関しては主な契約条項例を示している。他方，②AI編では，AI技術の基本的概念やAI技術を利用したソフトウェア開発の特徴について解説した上，AIの開発契約については，開発プロセスを(1)アセスメント段階，(2)PoC段階，(3)開発段階，(4)追加学習段階に分けて探索的に開発を行う「探索的段階型」の開発方式を提唱し，それぞれの段階における契約方式や契約の考慮要素，契約条項例を示している。これらの詳細については，第6章「データの取引契約」を参照されたい。

使用してその物の生産等を行ったものと推定する規定（同法5条の2）も
設けられている。

図表5−11　不正競争防止法第5条の損害額の推定

1項	損害額＝侵害組成物の譲渡数量×被侵害者が販売することができた物の単位数量当たりの利益の額 ただし，被侵害者の販売能力等に応じた額を超えない範囲に限られる。また，譲渡数量の全部または一部に相当する数量を被侵害者が販売できない事情がある場合には，当該事情に相当する数量が控除される。
2項	損害額＝侵害者が得た利益
3項	損害額＝侵害された営業秘密の使用に対して受けるべき金銭の額の相当額（ライセンス料の相当額）

2018年の不正競争防止法の改正と「限定提供データ」による保護

　2018年の改正前の不正競争防止法の下では，たとえ価値のあるデータであっても，特許法や著作権法の対象となる場合や同法の「営業秘密」（不正競争防止法2条6項）に該当する場合を除き，不正な取得や開示等に対して法的措置を講ずることは困難であった。また，データは，複製・提供が容易であることから，一度，不正に流出すると，一気に拡散してしまい，甚大な被害が生じるおそれがあり，そのため，企業としても，価値のあるデータの社外への提供について，慎重にならざるを得なかった。

　そこで，2018年の不正競争防止法の改正では，事業者が取引を通じて第三者に広く提供するデータを念頭に，新たに「限定提供データ」の概念を導入した上，「限定提供データ」の不正取得，使用，開示を同法上の不正競争と位置づけ，救済措置として差止請求や損害賠償請求を可能にした。

　なお，「営業秘密」は，各国によって運用の幅はあるものの，「知的所有権の貿易関連の側面に関する協定（TRIPS協定）」（わが国は1995年に加入）の加盟国で保護されているが，「限定提供データ」は，わが国独自の法制

度である。

● 「限定提供データ」とは

　不正競争防止法は，「限定提供データ」を「業として特定の者に提供する情報として電磁的方法〔中略〕により相当量蓄積され，及び管理されている技術上又は営業上の情報（秘密として管理されているものを除く。）」と定義している（不正競争防止法2条7項）。

　すなわち，同法の「限定提供データ」として保護されるためには，以下の各要件をすべて充足する必要がある。

---

① 「業として特定の者に提供する情報」であること（限定提供性）
② 「電磁的方法により相当量蓄積され」ていること（相当蓄積性）
③ 「電磁的方法により管理されている」こと（電磁的管理性）
④ 「技術上又は営業上の情報（秘密として管理されているものを除く。）」であること

---

　① 「業として特定の者に提供する情報」であること（限定提供性）

　上記①の「業として」とは，反復継続的に提供している場合，またはまだ実際には提供していない場合であっても，データ保有者の反復継続して提供する意思が認められる場合をいう[14]。

　「特定の者」とは，一定の条件の下でデータを受ける者をいい，特定されていれば，実際にデータの提供を受けている者の数の多寡は関係ない[15]。「特定の者に提供する情報」としては，たとえば，会費を支払った者に対して提供されるデータやコンソーシアムを構成する事業者間で共有されるデータなどがこれに該当すると考えられている。

14　経済産業省「限定提供データに関する指針」（平成31年1月23日）8頁。
15　前掲注14・「限定提供データに関する指針」9頁。

② 「電磁的方法により相当量蓄積され」ていること（相当蓄積性）

上記②の「電磁的方法」により蓄積・管理されている必要があるため，紙媒体でのみ蓄積・管理されているデータは含まれない。また，「相当量」というのがどの程度の量なのかについては，個々のデータの性質に応じて判断されることになるものの，社会通念上，電磁的方法により蓄積されることによって価値を有するものがこれに該当するとされている。その判断にあたっては，当該データが電磁的方法より蓄積されることで生み出される付加価値，利活用の可能性，取引価格，収集・解析にあたって投じられた労力・時間・費用等が勘案されるものと考えられる[16]。

現時点で，この点を判断した裁判例はないが，電磁的方法によって一定の塊（量）となることで取引対象となるものであれば，「相当量」に該当すると考えてよいのではないかと思われる。

③ 「電磁的方法により管理されている」こと（電磁的管理性）

上記③の電磁的管理性が満たされるためには，特定の者に対してのみ提供するものとして管理するという保有者の意思を第三者が認識できるようにされている必要がある。管理措置の具体的な内容・管理の程度は，企業の規模・業態，データの性質やその他の事業によって異なるが，第三者が一般的にかつ容易に認識できる管理である必要があるとされている[17]。たとえば，ID・パスワードなどの利用者認証が要求されるデータや，暗号化されて鍵がなければ利用できないデータなどがこれに当たる。

④ 「技術上又は営業上の情報（秘密として管理されているものを除く。）」であること

上記④の「技術上又は営業上の情報」には，データの保有者に利活用さ

16　前掲注14・「限定提供データに関する指針」9頁。
17　前掲注14・「限定提供データに関する指針」10頁。

れているまたは利活用が期待される情報が広く該当する。しかし，児童ポルノ，麻薬等，違法薬物の販売広告のデータ，名誉毀損罪に相当する内容のデータ等，違法な情報または公序良俗に反するような情報は，これに該当しないとされている[18]。

　上記④の「秘密として管理されている情報」が除外されているのは，不正競争防止法上，「営業秘密」として保護されているため，重ねて保護する必要がないためである。

● 限定提供データ侵害となる行為の類型

　ビッグデータが「限定提供データ」に該当する場合であっても，その不正取得，使用，開示のすべてが不正競争防止法上の不正競争（限定提供データ侵害）となるわけではない。同法は，「限定提供データ」の不正取得等のうち，２条１項11号～16号の６つの類型に該当する行為に限って不正競争（限定提供データ侵害）としている。

　限定提供データ侵害行為の類型は，概略，次頁の**図表５−12**のように整理される。

18　前掲注14・「限定提供データに関する指針」12頁。

図表5-12 限定提供データ侵害行為の類型

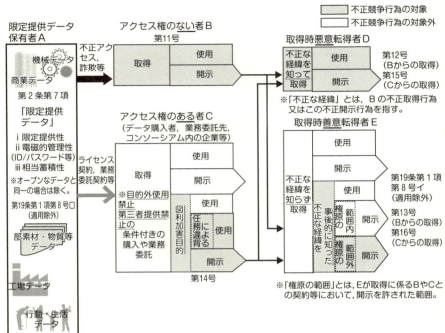

出所:経済産業省「限定提供データに関する指針」5頁

　図表5-12の限定提供データの侵害行為の類型のうち、11号～13号が最初に「限定提供データ」の保有者から不正に取得した場合(不正取得者の侵害行為)の類型、14号～16号が最初は「限定提供データ」の保有者から正当に取得した場合(正当取得者の侵害行為)の類型である。また、一次取得者か転得者かに着目すると、図表5-13の限定提供データ侵害行為の類型のうち、11号と14号が一次取得者の行為類型、12号、13号、15号および16号が転得者の行為類型になる。

　各号の行為の具体的な内容は、次頁の図表5-13記載のとおりである[19]。

第5章　ビッグデータの法的保護　101

図表5−13　限定提供データ侵害行為の個別の内容（不正競争防止法2条1項）

11号	窃取，詐欺，強迫その他の不正の手段により限定提供データを「取得」する行為（＝「限定提供データ不正取得行為」），または限定提供データ不正取得行為によって取得した限定提供データを「使用」または「開示」する行為
12号	限定提供データ不正取得行為が介在していることを知って，限定提供データを「取得」し，またはその取得した限定提供データを「使用」し，もしくは「開示」する行為
13号	（取得した時点では知らなかったものの）限定提供データを取得した後に，限定提供データ不正取得行為が介在したことを知って，その取得した限定提供データを「開示」する行為
14号	限定提供データ保有者から適法に取得した者が，不正の利益を得る目的，または当該事業者に損害を加える目的（＝「図利加害目的」）で，限定提供データを「使用」（その限定提供データの管理に係る任務に違反して行うものに限る）または「開示」する行為
15号	限定提供データ不正開示行為（14号に規定する場合において同号に規定する目的で限定提供データを開示する行為）であることもしくはその限定提供データについて限定提供データ不正開示行為が介在したことを知って，限定提供データを「取得」し，またはその取得した限定提供データを「使用」し，もしくは「開示」する行為
16号	（取得した時点では知らなかったものの）取得した後に，限定提供データ不正取得行為があったことまたは限定提供データ不正開示行為が介在したことを知って，その取得した限定提供データを「開示」する行為

　限定提供データの保有者は，上記の各号の不正競争行為を行った者に対し，不正競争防止法上の差止請求権や損害賠償請求権を行使することができる。

19　限定提供データは，技術上または営業上の情報を保護の対象とし，限定提供データの侵害行為の類型も不正な「取得」「使用」「開示」であって，これらは営業秘密の侵害行為の類型と共通している。そのため，営業秘密に関する過去の判例や学説の解釈が一定程度参考になる。しかし，類似の文言が使われている場合であっても，事業者等が取引等を通じて第三者に提供することを前提としている限定提供データと，企業内で秘匿することを前提としている営業秘密とでは，その保護の目的を異にするため，規定の趣旨に従って異なる解釈がなされる場合もあることに留意が必要である（「限定提供データに関する指針」5頁参照）。

なお，限定提供データは，新たに導入された概念であり，事例の蓄積も
ない中で，事業者に対して過度の萎縮効果を生じさせないよう，現時点で
は刑事罰の対象とはされていない。

● 適用除外

不正競争防止法は，取引によって限定提供データを取得した者が，取得
時に不正行為の介在について善意であった場合には，当該限定提供データ
について契約等に基づき取得した権原の範囲内（契約等で定められた条件
の範囲内）で開示することについては，不正競争とはしない旨の適用除外
規定を設けている（不正競争防止法19条1項8号イ）。

転得者がデータを取得した際には不正行為が介在したことについて善意
であったにもかかわらず，事後的に悪意に転じた場合には，その開示行為
が侵害の対象になるとすると，転得者は不測の不利益を被り，取引の安全
を害されることになるからである。なお，限定提供データの場合には，営
業秘密の場合と異なり，取得時に無過失であることまでは要求されておら
ず，また，対象となるのは，開示行為に限られている。

また，限定提供データであっても，「無償で公衆に利用可能となってい
る情報と同一の限定提供データ」については適用対象外とされ（不正競争
防止法19条1項8号ロ），自由な利用が許容されている。

ここでいう「無償」とは，データの提供を受けるにあたり，金銭の支払
いが必要ない場合が想定されている。したがって，たとえば，データを保
存するCD-ROMや送料等の実費の支払いが求められたとしても，データ
の提供自体に対する金銭の支払いとはいえない場合には，依然として「無
償」であると考えられる。しかし，金銭の支払いが不要であっても，デー
タの提供を受ける見返りとして自らが保有するデータを提供することが求
められる場合や，そのデータが付随する製品を購入した者に限定してデー
タが適用される場合等，データの経済価値に対する何らかの反対給付が求

第5章　ビッグデータの法的保護　　**103**

められる場合には，「無償」に該当しないものと考えられている[20]。

　また，ここでいう「公衆に利用可能」とは，不特定かつ多数の者が，当該データにアクセスできることを指し，たとえば，誰でも自由にウェブページ上に掲載された当該データにアクセスできる場合がこれに当たる。また，全く無条件で利用可能となっているものに限らず，利用において一定の義務（たとえば，出典の明示等）は課されているものの，不特定かつ多数の者が当該データにアクセスできる場合もこれに当たるとされている[21]。

● 「限定提供データ」による保護の限界

　上述のとおり，ビッグデータが，①限定提供性，②相当蓄積性，③電磁的管理性の要件を満たす，④技術上または営業上の情報である場合には，秘密として管理されていなかったとしても，不正競争防止法上の「限定提供データ」としての法的保護を受けることができる。しかし，逆にいえば，それらの要件を満たさなければ，同法の保護を受けられないという点で限界がある。

　また，ビッグデータが「限定提供データ」に該当する場合であっても，その不正取得，使用，開示のすべてが不正競争防止法上の不正競争（限定提供データ侵害）となるわけではなく，限定提供データ侵害となるのは，上述の行為類型に限定されており，刑事罰の適用もない。

　さらに，IoTサービスで自動的・機械的に収集・蓄積されるビッグデータの中には，公知のデータも含まれている場合があるが，「無償で公衆に利用可能となっている情報と同一の限定提供データ」については適用対象外とされている。

　加えて，上述のとおり，「限定提供データ」はわが国独自の法制度であるため，海外においても，わが国と同様に保護されているわけではないと

20　前掲注14・「限定提供データに関する指針」14頁。
21　前掲注14・「限定提供データに関する指針」14頁。

いう点にも留意が必要である。

4　おわりに

　IoTサービスの進展はめざましく，IoTによって収集・蓄積するビッグデータは，今後ますます重要になってくるものと思われる。上述のとおり，従来の伝統的な法制度では，保護の対象が限定的であったり，救済措置が十分ではなかったりという問題点が指摘されていたことを受けて，新たに「限定提供データ」の概念を設け，その不正取得等を不正競争防止法上の不正競争と位置づける法改正がなされたが，その保護にも限界がある。そのため，将来的には，新しい法律を制定する必要が出てくるかもしれない。

　しかし，その一方で，ビッグデータに過度な法的保護を与えて，ビッグデータの利活用を萎縮させ，新たなサービスや技術の発展を阻害することがあってはならない。これ以上の法的保護が必要なのかを含めて慎重に検討していく必要があろう。

第6章

データの取引契約

第6章では，2018年6月に公表された経済産業省の契約ガイドラインの内容を参照しながら，データの取引契約における主な留意点について解説する。

1 はじめに

　第四次産業革命とも呼ばれる産業構造の変化のもとで，IoT や AI などの情報技術の革新がめざましく進展し，取引に関連するデータ量は爆発的に増大するとともに，企業の競争力の源泉は，データやその分析方法，これらを活用したビジネスモデルへと移り変わりつつある。データを秘匿管理して自社のみで活用するケースもあれば，データを一定範囲で他社と共用するケースもあるが（「オープン＆クローズ戦略」と呼ばれる），データの中には，他のデータを組み合わせることで付加価値が生じるものも多く，とりわけ業種を超えた複数のデータの組み合わせはオープンイノベーションをもたらすものと期待されている。

　一般に，データは単に保有するだけでは大きな価値がない。多くの場合，データの加工・分析等を行ったり，さまざまなデータを組み合わせたりすることにより，事業活動に利用する方法を開発することで価値が創出され

ることになる。そのためには，データを複数当事者間で流通させることで利活用を促進することは重要であるが，他方で，データを安易に第三者に利用させると，データ流出や不正利用に伴って，営業秘密やノウハウが社外に流出するほか，プライバシーにかかわる個人の権利が侵害されるリスクもある。データは容易に複製することができ，適切な管理体制がなければ外部に流出する危険も高まりやすいからである。

したがって，データの流通と利活用のためにデータ取引契約を検討するに際しては，どのように当事者間で利用権限を認め収益を配分するなどして便益を最大化するかという観点と，適切な契約上・技術上の措置をとることでデータの流出や不正利用などのリスクを最小化するかという観点のいずれにも十分な目配りをすることが欠かせない。

しかし，データの取引契約は，知的財産権のライセンス契約などとは異なり，新しい類型の契約であって実務の蓄積も比較的乏しい。そこで，政府としても適切な契約実務を浸透させることが重要な政策課題であると認識され，合理的な契約交渉・締結を促進するとともに，その取引費用を削減し，データ契約の普及を図る等の観点から契約で定める事項を示すためのガイドラインが策定された。これが「契約ガイドライン」である。

本章では，契約ガイドラインの内容を参照しながら，データの取引契約における主な留意点について解説する。なお，契約ガイドラインは「データ編」と「AI編」から構成されるが，本章では「データ編」に主眼を置いて説明する。

2 契約ガイドラインの概要（総論）

(1) ガイドラインの位置づけと，データ契約の3類型

データ取引契約に関連する政府のガイドラインとしては，過去にも「デー

タに関する取引の推進を目的とした契約ガイドライン」(2015年10月) と，「データの利用権限に関する契約ガイドライン ver1.0」(2017年5月) がすでに公表されていたが，近時の AI や IoT 技術の急速な進展に伴い，たとえば，データ・オーナーシップをめぐる問題，複数当事者が新たなデータ創出に関与する（加工や統合する）場合の派生データの取扱いに関する問題，企業やグループの枠を超えたプラットフォームを通じてデータを共有して活用する類型で生じる問題，クロスボーダー取引において生じるデータの越境移転の問題などが生じており，これらの状況に対応し，かつビジネスの現場で具体的に応用しやすいガイドラインが望まれていた。

　このような背景を踏まえて策定された今回の契約ガイドラインは，データ契約について，具体的な事案に基づく専門家の議論を踏まえた上で，データ契約における法的論点を契約類型別に整理し，その契約条項例や条項作

図表6－1　新旧ガイドラインの関係

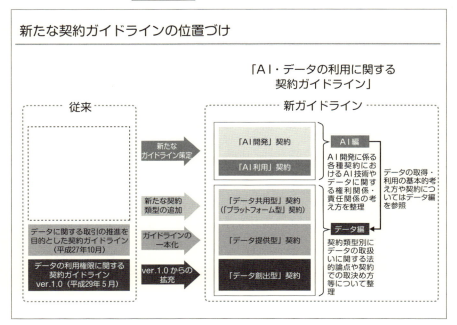

成時の考慮要素等を提供するものである。

　契約ガイドラインでは，データ契約を整理するにあたり，①データ提供型，②データ創出型，③データ共用型（プラットフォーム型）という3つの類型を設定している。

　第1の類型であるデータ提供型（一方当事者から他方当事者へのデータの提供）とは，取引対象となるデータを一方当事者（データ提供者）のみが保持しているという事実状態が明確な場合において，データ提供者から他方当事者（データ受領者）に対して当該データを提供する際に，データ受領者の利用権限をはじめとする諸条件を取り決めるための契約である。

　第2の類型であるデータ創出型（複数当事者が関与して創出されるデータの取扱い）とは，複数当事者が関与することにより，従前存在しなかったデータが新たに創出されるという場面において，データの創出に関与した当事者間で，データの利用権限について取り決めるための契約である。

　第3の類型であるデータ共用型（プラットフォームを利用したデータの共用）とは，複数の事業者がデータをプラットフォームに提供し，プラットフォームが当該データを集約・保管，加工または分析し，複数の事業者がプラットフォームを通じて当該データを共用するための契約である。

　もっとも，この3類型はあくまで議論の便宜のために設けたものにすぎず，実際の取引においては，複数の類型の要素を含む複合的な取引である場合が珍しくないことには留意すべきである。

　なお，当然のことではあるが，個別の場面における契約の内容は，契約自由の原則に従って，当事者の意思に委ねられることが原則である。したがって，契約ガイドラインは，取引実務における共通の土俵として重要な役割を果たすことは期待されるものの，個別取引における契約の自由を制約するものではない。

第6章　データの取引契約　109

図表6-2　データ契約の3類型

「データ提供型」契約（一方当事者から他方当事者へのデータ提供）

- 取引対象となるデータを一方当事者（データ提供者）のみが保持しているという事実状態が明確である場合の契約
- 利用場面としては，データの譲渡，ライセンス（利用許諾），共同利用（相互利用許諾）など

「データ提供型契約」の法的性質

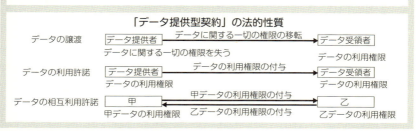

「データ創出型」契約（複数の当事者が関与して創出されるデータの取扱い）

- 複数当事者が関与することによりデータが新たに創出される場合において，データ創出に関与した当事者間で，データの利用権限について取り決めるための契約
- データ創出に係る権限，利用方法が明確でないデータの利用関係における契約が対象

「データ創出型」契約の例

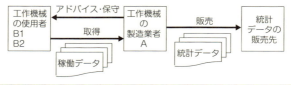

「データ共用型（プラットフォーム型）」契約（プラットフォームを利用したデータの共用）

- 複数の事業者がデータをプラットフォームに提供し，プラットフォームが当該データを集約・保管，加工または分析し，複数の事業者がプラットフォームを通じて当該データを共用するための契約

「データ共用型（プラットフォーム型）」の例（基本構造）

（左側縦書き見出し：データ利用に係る契約類型）

(2) データ・オーナーシップ

データ契約の3類型における個別の論点について議論する前に，各類型に共通して生じる論点として，いわゆる「データ・オーナーシップ」について説明する。

データは無体物であり，民法上，所有権等の物権の対象とはならないため，これらの物権的発想に基づいてデータに係る権利の有無を定めることはできないはずである。しかし，現実には，データ契約の議論に際して，「データ・オーナーシップ」という言葉が用いられることがある。これには現在のところ法的な定義がなく，必ずしも「データに対する所有権を観念できる」という意味で用いられているわけではない。むしろ，データが知的財産権等により直接保護されるような場合は別として，一般には，データに適法にアクセスし，その利用をコントロールできる事実上の地位，または契約によってそのような利用権限を取り決めた場合にはそのような債権的な地位を指して，「データ・オーナーシップ」と呼称することが多いものと考えられる。

データ契約をめぐる交渉では，データがどちらに帰属するかが争点となって，議論が膠着してしまうこともある。しかし，以上のようなデータの法的性質を正しく理解すれば，物権的な発想に基づく硬直した議論ではなく，契約を通じて債権的に，個別の利用権限ごとにさまざまな考慮要素を評価してデータの利用権限を柔軟に調整することが望ましいといえ，そのことからも，データ契約の重要性は理解できよう。

3 データ提供型契約

第1の類型であるデータ提供型契約（一方当事者から他方当事者へのデータの提供という類型）について，契約ガイドラインでは，さらにこれを3

つの種類（①譲渡，②ライセンス（利用許諾），③データの共同利用（相互利用許諾））に分けて検討している。このうち，「譲渡」は，契約締結後にデータ提供者が提供データに関する一切の利用権限を失い，提供データを利用しない義務を負うパターンである。これに対し，「ライセンス（利用許諾）」は，データ提供者が提供データの利用権限をあくまで一定の範囲でライセンシーに与えるパターンである。

　以下では，データ提供型契約において生じる論点のうち，いくつか代表的なものについて説明する。

（1）　派生データ等の利用権限

　データ提供者から提供された提供データをデータ受領者が分析・加工等して活用することによって，派生データ等のさまざまな成果物が生じる。

　派生データは，データ受領者がデータ提供型契約の契約目的の範囲内で分析・加工等をすることによって初めて生じたデータであり，通常，データ受領者は当該派生データにアクセスして事実上利用できる地位にあるといえるから，当事者間で特段の合意がない限り，少なくともデータ受領者は当該派生データを利用できると解するのが合理的である場合が多い。これに対し，派生データの利用権限がデータ提供者にも認められるかは一義的には定まらないため，契約において明らかにしておくことが望ましい。

　また，データ受領者が提供データを分析・加工等する過程で，データ受領者が著作権，特許権等の知的財産権を提供データに基づいて生み出すことも考えられる。提供データから生じたこれらの知的財産権の帰属についても契約の中で明確に定めておくことが望ましい。

　契約ガイドラインの「データ提供型契約のモデル契約書案」では，①データ提供者に派生データ等の利用を認めない案，②データ提供者に派生データ等の利用を非独占的に許諾する案，③派生データ等の利用権限の有無について，契約書では明示せずに別途協議で定める案の3つを提示して

いる（モデル契約書案11条）。

なお，データ提供者が，派生データやそれに関連して生じたデータ受領者の知的財産権等について，データ受領者に対して譲渡義務を課したり，独占的利用許諾の義務を課したりする場合，独占禁止法における不公正な取引方法に該当する可能性もあるため，注意が必要である。

（2）　提供データの品質等に関する責任

データ提供型契約において，提供データの品質等に問題があり，データ受領者が契約の目的を達成できず，データ提供者に対して提供データの品質等について法的責任を追及することがあり得る。たとえば，提供データが正確性，完全性，有効性を欠くとか，提供データがウイルスに感染しており安全ではない，第三者の知的財産権を侵害しているといった場合である。

ここでいうデータの正確性とは，時間軸がずれている，単位変換を誤っている，検査をクリアするためにデータが改竄または捏造されているというような，事実と異なるデータが含まれていないことを意味し，データの完全性とは，データがすべて揃っていて欠損や不整合がないことを意味する。また，データの有効性とは，計画されたとおりの結果が達成できるだけの内容をデータが伴っていることをいう。

データ提供型契約が有償契約である場合，データの品質について問題があれば民法上の瑕疵担保責任（民法改正後の契約不適合責任）の適用があると考えられる。もっとも，提供データの品質についての問題といってもさまざまな内容があるため，提供データの正確性，完全性，有効性，安全性，第三者の知的財産権の非侵害等について，どの範囲でデータ提供者がデータの品質について責任を負うのかを契約で明確にしておくことが重要である（モデル契約書案5条）。

これに関連して，データ受領者が提供データを利用している際に，第三

者から当該データに関する知的財産権の侵害を理由に損害賠償請求がなされるなど，提供データの利用に関連して，データ受領者と第三者との間で法的な紛争が生じるようなケースがあり得る。

そこで，契約において，提供データの利用に関連して第三者との間で生じた法的な紛争に誰がどのように対応するか，また必要となる費用や賠償金等をどちらが負担するのかを規定しておくことが望ましい。もっとも，提供データの利用に関連する対応責任についてはさまざまな考え方があり得るため，契約ガイドラインのモデル契約書案では，データ提供者が当該責任を原則負わない場合と，負う場合の双方の条文案を併記している（モデル契約書案の6条）。

（3）　提供データの目的外利用・第三者提供の禁止

データ提供型契約において目的外利用・第三者提供禁止条項が規定されることにより，一定の範囲でデータの利用が制限される場合は多い。データの流出や不正利用を防止する契約上の手段を講じることは，不正競争防止法に基づく営業秘密または限定提供データとしての保護を可能な限り確保するという観点からも重要である。もっとも，抽象的に目的外利用禁止といっても，具体的にどこまでの範囲が契約違反となるかは個別事案によっては判断が困難となり得るため，契約の際にこの点を十分検討して工夫する必要がある。

たとえば，工作機械から生じる稼働データについて，一方当事者である工作機械メーカーは「メンテナンス目的（保守目的）」でしか利用できないという目的外利用禁止義務を契約上課されていた場合において，工作機械メーカーにおいては，①当該データを別の製品のバージョンアップのために利用することが契約違反になるのか，②当該データから秘密情報を除外し，または出所を識別できない形で統計処理した上で第三者に提供することが契約違反になるのかといった問題が生じることがある。

いずれの場面でも，データの利用・開示が契約違反とならないか疑義が生じることになるので，あらかじめ契約文言を工夫しておくか，個別の場面ごとに十分に協議をして同意を得ることなどが考えられる。

（4） クロスボーダー取引における留意点

データ取引が国境を越えて行われることは珍しくない。クロスボーダー取引の場合，当該取引の相手国のデータ・ローカライゼーションや，データの越境移転規制について十分に理解しておく必要がある。契約ガイドラインでは，主要13カ国・地域のデータ・ローカライゼーションおよび越境移転規制を紹介している。

また，海外企業との取引では，準拠法と裁判管轄（紛争解決手段）を定めておくことが重要である。準拠法に関していえば，データ保護に関する主要各国の法制度を考慮しつつ，日本法を準拠法にするのが適切か否かを検討すべきであり，裁判管轄（紛争解決手段）に関しても，執行の容易性から裁判ではなく国際商事仲裁を選択することも検討に値する。もっとも，準拠法を日本法にしたからといって，データ・ローカライゼーションおよび越境移転規制に関する各国の規制を受けないことにはならず，留意が必要である。

（5） データに個人情報等が含まれる場合の留意点

提供データに「個人情報」や「個人データ」が含まれる場合，個人情報保護法に基づく規制に沿った対応が必要になる。

たとえば，個人データを第三者に提供するためには，原則として，あらかじめ本人の同意を取得する必要がある（個人情報保護法23条1項）。もっとも，個人情報保護法23条1項1号〜4号で規定された例外事由に該当すれば，個人データの第三者提供に際し，あらかじめ本人の同意を得ることは不要である。また，個人データの移転が，①委託による場合，②事業承

継による場合、③共同利用による場合は、当該受領者は「第三者」に当たらないとされている（同法23条5項1号〜3号）。

さらに、一般的な個人データであれば、「オプトアウト」の方式による第三者提供が認められているので（同法23条2項）、この方式によって個人データを含むデータの第三者提供を行うことが考えられるが、センシティブな性質を有する「要配慮個人情報」の場合、「オプトアウト」の方式による第三者提供が認められない点には注意が必要である。

これに対し、いわゆる「統計情報」（複数人の情報から共通要素に係る項目を抽出して集計して得られるデータであり個人との関係が排斥されている情報）の形式に加工すれば、個人情報保護法に基づく規制に沿った対応は不要になる。また、統計情報にまで至らない加工であっても、柔軟な利活用をするための手法として、データを匿名加工することが考えられ、その1つの例として、個人情報保護法に基づく「匿名加工情報」の枠組みを活用することが可能である。もっとも、匿名加工の方法やその程度については厳格な判断が必要であり、個人情報保護委員会のガイドライン[1]も参照しつつ、事案ごとに慎重に検討する必要がある。

4　データ創出型契約

第2の類型であるデータ創出型契約（複数当事者が関与して創出されるデータを取り扱う類型）の対象には、たとえば、センサ等によって検知されるいわゆる生データが含まれるほか、そのようなデータを加工・分析することによって得られる派生データも含まれる。契約ガイドラインの作業部会で検討されたユースケースとしては、コネクテッドカーが走行する際に、自動的に交通情報、車両操作情報、車両挙動情報等のデータが取得さ

1　https://www.ppc.go.jp/files/pdf/guidelines04.pdf

れ，当該データを顧客向けサービス等に活用するといった事例がある。

この類型においては，データ創出に関与する複数当事者間の利用権限の調整ルールについて明確な基準がないため，当事者間の公平性をいかに確保するかが課題となる。また，創出されるデータの具体的な利用方法について，当事者間で明確なイメージが共有されていない場合も少なくなく，活用に伴う収益や費用について，どのような基準で分配すべきかも課題となる。

以下では，データ創出型契約において生じる論点のうち，いくつか代表的なものについて説明する。

（1） 対象データの範囲・粒度

データの利用権限を定めるにあたって，そもそもどのようなデータが創出され，合意の対象となるのかを，当事者間で明確にすることが重要である。契約ガイドラインの「データ創出型契約のモデル契約書案」（2条，別紙A）では，対象データを特定する表現を例示している。また，センサの性能向上等の理由により，契約締結時点では想定し得ないデータが創出される可能性があるところであり，そのような場合に備えて，当該データの利用権限を定めるための追加手続を規定しておくことも考えられる（モデル契約書案12条参照）。

対象データの範囲と関連して，データから営業秘密やノウハウが流出する可能性を低減するために，創出されるデータの粒度を粗くし，または範囲・内容を限定することが考えられる。また，対象データが個人に関するものである場合，一部の情報をあえて収集しないことで，個人情報に該当することを避け，プライバシー権の問題も回避することが考えられる。他方で，データの粒度をあまりに粗くすると，データの有効性も減少する可能性があるため，データの利用と保護の双方の観点を踏まえたバランスの良い検討が必要となる。

（2） 創出データや派生データの利用権限

　データ創出型契約では，創出された生データに関する利用目的や利用権限を定める必要がある。

　創出されたデータは多くの場合，何らかの加工等がなされ，それにより新たな価値を引き出すことができる。もっとも，当事者の予期しない態様での利用を防ぐために，特定の方法での加工等のみを認めるというパターンも考えられる。

　また，創出された生データに関する利用権限とは別に，派生データの利用権限および知的財産権についても当事者間で合意しておく必要がある。派生データについて具体的に定めるべき内容は，生データと同様である。派生データの利用権限を設定する際には，①分析の対象となる生データの創出に対する各当事者の寄与度（コスト負担，機器の所有権，センサ等の設置方法の策定やデータのモニタリングへの関与），②データの加工等にかかる労力および必要となる専門知識の重要性，③派生データの利用により当事者が受けるリスク等，が考慮要素となる（モデル契約書案3条，別紙B参照）。

（3） 第三者への利用許諾等の有無，範囲

　対象データまたは派生データについて，第三者への利用許諾等を認めるかどうかは，重要な論点である。検討に際して考慮すべき要素としては，①データの性質，②営業秘密，ノウハウ流出等を防止するための措置，③提供先の第三者の属性（例：競業者であるか否か），④第三者による利用範囲の制限，⑤対価の額，分配方法などがある。

　また，当事者間で創出したデータを分析し，そこから得られたノウハウを，第三者に対するコンサルテーションサービス等の方法で第三者に提供することがある。そのような横展開のサービスについては，データの具体的な寄与の度合いを金銭的に評価することが難しいため，利益分配の対象

とすることが困難なケースも多い。このような場合には，関連するシステム開発費用や当事者間で提供するサービス料のディスカウントなど，事案に応じて柔軟なアレンジを工夫することが考えられる。

（4）　データ内容および継続的創出の保証／非保証

創出データの正確性や継続的創出の有無に関連して，損害が生じることがあり得るため，データの内容やデータの継続的な創出について，当事者間での責任関係を明らかにしておくことが望ましい（モデル契約書案4条，5条参照）。

（5）　収益分配，コスト・損失負担

データ創出型契約では，データを当事者自らが利用するだけではなく，第三者へ提供して収益をあげる場面も想定される。このような収益のモデルとしては，たとえば創出したデータ自体を第三者に利用許諾してライセンスフィーを受領するパターンもあれば，創出したデータを用いて分析モデルを作成し，当該分析モデルに基づき開発した ASP（Application Service Provider）サービスを第三者に対して提供するパターンもある。

このような活用を想定した収益分配についても，契約で取り決めておく必要がある。また，収益分配の算定方式について，モデル契約書案では売上配分の方式を用いているが（7条），個別事案に応じて固定料金や従量制等も考えられよう。

他方で，データの利用権限を定めるにあたって，当事者のコスト負担についても定めることがある（モデル契約書案8条）。なお，コスト増加が懸念される項目については，当事者間で協議の上，あらかじめ合意内容を契約上明確にしておくことが望ましい。

5 データ共用型（プラットフォーム型）契約

　第3の類型であるデータ共用型（プラットフォーム型）契約（プラットフォームを利用したデータの共用類型）の対象には，たとえば，異なる企業グループに属する複数の事業者（データ提供者グループ：X_1，X_2，X_3…）がデータをプラットフォームに提供し，プラットフォームが当該データを集約・保管，加工または分析し，複数の事業者（データ利用者グループ：Y_1，Y_2，Y_3…）がプラットフォームを通じて当該データを共用または活用するといった構造が含まれる。

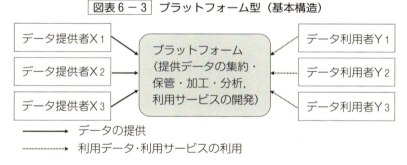

図表6－3　プラットフォーム型（基本構造）

出所：契約ガイドライン（データ編）67頁

　上記がプラットフォーム型の最も基本的な構造であるが，これ以外にも，さまざまな事業者をプラットフォーム事業に参加させたり，複数のプラットフォーム間で連携したりするなど，プラットフォームを中心としたネットワーク（エコシステム）を拡大していくことも考えられる。

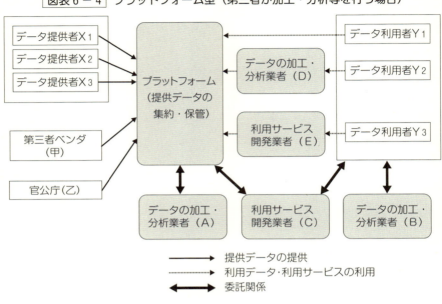

図表6-4 プラットフォーム型（第三者が加工・分析等を行う場合）

出所：契約ガイドライン（データ編）69頁

　一般的に「プラットフォーム」といえば，巨大なITプラットフォーマーがデータを囲い込んで独占するような印象を受ける読者もいるかもしれないが，契約ガイドラインが念頭に置いているのは，そのようなプラットフォームではなく，プラットフォームを通じて異なる事業者間で共用を進める取組みである。

　契約ガイドラインの別添1（産業分野別のデータ利活用事例）で紹介されている近時の事例でも，データ共用型（プラットフォーム型）に該当するものが多数取り上げられており，わが国の産業界においても近時急速に利用される事例が増加しつつあるため，今回の契約ガイドラインでは，従来のガイドラインにはなかった新たな類型として取り上げられている。

　以下では，データ共用型契約において生じる論点のうち，いくつか代表的なものについて説明する。

（1）　プラットフォーム型における主要な特徴

　プラットフォーム型における個別の論点を検討する前提として，「デー
タ提供型」や「データ創出型」とは異なる全体的な特徴について理解して
おくことが必要である。

　すなわち，プラットフォーム型においては，複数の事業者のデータがプ
ラットフォームに集約された上で，第三者に共用されることが想定されて
いる。複数のデータ提供者およびデータ利用者が存在することはもとより，
他にも参加者が関与することがあり，多種多様なステークホルダーが関与
することも，重要な特徴である。また，1つの事業者がデータ提供者とデー
タ利用者の両方の立場で関与することも珍しくないため，交渉に向けたス
タンスも複合的に検討する必要がある。それぞれのステークホルダーにお
いて提供データと利用データの内容，範囲等が異なるように，プラット
フォームにおいて柔軟に調整またはコントロールすることも可能である。

　他方で，特にデータの提供・収集の場面に着目すると，「データ提供型」
や「データ創出型」と同一または類似の性質を有する側面もあるため，こ
れまで説明してきた各類型における検討事項が，プラットフォーム型にお
いても参考になることは少なくない。

（2）　利用規約の要否

　プラットフォーム型においては，多数の参加者が関与することが想定
されるため，データ提供者またはデータ利用者とプラットフォーム事業者
との契約条件を個別に交渉して決定するのは時間・コストの面から現実的
ではなく，また，参加者によって条件が大きく異なることは運用上も問題
を生じさせる可能性がある。したがって，統一的に適用される契約条件を
規定した利用規約をあらかじめ準備しておき，同じ立場の参加者には原則
として同じ利用規約が適用されるようにすることが考えられる。

（3） 参加者の範囲

　プラットフォームの設計としては，参加要件を厳しく設定するクローズなプラットフォームもあれば，利用規約に定める条件を満たす限り広く参加を認めるオープンなプラットフォームもある。オープン型プラットフォームの中には，データ提供者側とデータ利用者側の双方をオープンにするものだけでなく，いずれか一方のみをオープンにするものもある。このように，柔軟な設計が可能であるという点も，プラットフォーム型の特徴といえよう。

　データの共用・活用を通じてイノベーションを促進するという観点からは，オープン型プラットフォームの方が望ましい場合もあるが，参加者や対象データの性質・内容によってはオープン型の採用が難しいまたは望ましくない場合もある。まずは参加者を特定の事業者に限定した上で，段階的にオープン型プラットフォームに移行していくという設計もあり得る。

（4） 対象データの範囲，利用目的

　データ提供者とデータ利用者との間の構造的な利害関係の違いを調整するためには，提供データや利用データの種類・範囲を適切に設定する必要がある。たとえば，他の事業者（特に，自社の競合事業者）に開示すると自社の競争力を削ぐ可能性があるデータ（競争領域のデータ）と，他の事業者に開示しても自社の競争力には直接的な影響がないデータ（協調領域のデータ）を切り分けた上で，まずは後者のデータを優先的に提供データとすることが考えられる。これは，データ提供者の心理的抵抗を提言する観点からも，また，競合事業者間でデータが供用される際に独占禁止法上の問題が生じる懸念を低減する観点からも有用である。

　また，競争領域のデータであっても，データ利用者を全く異なる業界の事業者に限定することや，加工等を加えて一般化した形で提供することな

ど，プラットフォームを通じて適切に複数事業者間で共用・活用すること
が可能になる場合もある。

（5） 派生データ等の成果物の取扱い

プラットフォーム型においては，プラットフォームによる提供データの
分析・加工またはその結果に基づくサービスの開発により生じる成果物
（利用データ・利用サービス）がデータ利用者によって利用されることが予
定されているため，このような成果物の利用権限をどのように取り決める
かは，利用データ・利用サービスの利用範囲をどのように定めるかという
形で問題となる。たとえば，プラットフォーム事業者に帰属するパターン
や，データ提供者で共有するパターンなどが考えられる。

また，データ利用者がプラットフォームから提供を受けた利用データま
たは利用サービスを共用・活用することにより生じた成果物（知的財産権
等を含む）の取扱いについては，利用データ・利用サービスの利用範囲を
定めても，それにより一義的に定まるものではないため，別途規定を設け
るかを検討する必要がある。なお，データ利用者に帰属すべき知的財産権
等についてプラットフォーム事業者がライセンスを受けることも考えられ
るが，無対価で譲渡や独占的ライセンスを受ける場合には独占禁止法上の
問題を生じ得る可能性もあることに留意する必要がある。

（6） プラットフォーム事業者の選定

できるだけ多くの参加者が安心して関与できる体制を整えるという観
点から，また，データ提供者とデータ利用者の利害関係の調整の必要性か
らも，プラットフォーム事業者の中立性が確保されていることが望ましい
場合も考えられる（特に，オープン型プラットフォームの場合はその傾向が
強いと考えられる）。

中立性の確保が要請される場合は，参加者のうちの一者が単独でプラッ

トフォームを運営するよりも，①参加者以外の第三者がプラットフォームの運営者となる方法や，②参加者の全員または一部が共同でプラットフォーム事業者となる方法が考えられる。②の方法としては，共同で合弁会社（ジョイントベンチャー）や組合，一般社団法人を設立する方法等が考えられる。なお，いずれの方法の場合も，中立性確保の観点や，プラットフォーム型を採用する目的等に鑑み，プラットフォーム事業者としては利益を上げることを積極的には目指さない場合もあると考えられるが，プラットフォームの適切な運営にはシステム対応のための費用を含め，相応の人的リソースや費用が必要となるため，プラットフォームの安定的な運営を維持するための収入を確保する仕組みが必要となる場合も多いと考えられる。

第7章

ビッグデータとプライバシー法制

本章では，わが国におけるプライバシー法制の概要，欧州その他の諸外国におけるプライバシー法制の概要，わが国におけるパーソナルデータの活用に関する最新動向等について解説する。

1 はじめに

　第5章で述べたとおり，近年，IoT サービスは急速に普及しはじめており，それに伴ってインターネットを通じて大量のデータがデータベースに収集・蓄積されるようになっている。これらのデータは，「ビッグデータ」と呼ばれ，IoT を活用した商品やサービスを開発・提供する上で必要不可欠なものとなってきている。ビッグデータの中でも，とりわけ個人の行動の履歴等に関するパーソナルデータ[1]は，事業者側からすれば，個人の行動や嗜好に合ったサービスを提供するために有用な情報として，宝の山と目されている。

1　パーソナルデータとは，明確な定義があるわけではないが，いわゆるビッグデータのうち，個人の行動や状態等に関するデータを総称したものをいう。本章では，特定の個人が識別できるか否かを問わず，個人に関するデータであれば，パーソナルデータに含まれる。パーソナルデータの具体例としては，インターネット上の検索履歴，商品の購買履歴，SNS 上のプロフィール，携帯電話等に組み込まれた GPS 機能による位置情報，IC カードによる乗降履歴などが挙げられる。

パーソナルデータは，たとえば，検索履歴や購買履歴等を利用して個人の趣味・趣向に合った商品やサービスの広告を表示するサービス（ターゲティング広告）のほか，ウェアラブル端末を利用して個人の健康状態をモニタリングするサービス，携帯電話の位置情報を利用して観光客の行動・動態を把握して旅行プランや地方観光施策立案に役立てるサービス，車両の位置情報を利用してリアルタイムの交通情報等を表示するサービス，個人の信用力を数値化して提供するサービス（信用スコア）など，産業分野・公共分野を問わず，さまざまな場面で活用されている。このようなパーソナルデータの活用によって，消費者は，自己の嗜好に合った商品を購入しやすくなったり，従来にはなかった便利で新しいサービスの提供を受けられたりするなど，さまざまな恩恵を享受することができるようになってきている。

　しかし，その一方で，パーソナルデータの中には，個人情報保護法上の「個人情報」やプライバシーの保護対象となる情報が含まれている場合もあり，その活用の仕方によっては，個人情報保護法違反やプライバシー権侵害の危険性をはらんでいる。

　こうした状況を踏まえて，わが国でも2015年9月に個人情報保護法の大幅な改正がなされ，2017年5月30日から全面施行されるに至った。また，欧州でも，EU域内の個人データ保護を規律する法として，従来適用されていた「EUデータ保護指令（Data Protection Directive 95）」に代わって，2016年4月に「EU一般データ保護規則（GDPR：General Data Protection Regulation）」（以下「GDPR」という）が制定され，2018年5月25日に施行されるに至り，各国における個人データの保護の在り方にも影響を及ぼしている。

　以下，わが国におけるプライバシー法制の概要，欧州におけるプライバシー法制の概要を解説するとともに，わが国におけるパーソナルデータの活用に関する最新の動向などについて解説する。

2　わが国におけるプライバシー法制

(1)　個人情報保護法による規制

　わが国におけるプライバシー法制の最も重要なものとしては，個人情報保護法が挙げられる。同法は，事業者の業務分野を問わず，個人情報を取り扱う事業者一般に適用されるものであり，事業者が個人情報を活用するにあたって理解しておかなければならない最も重要かつ基本的なルールである[2]。

　以下，個人情報保護法上の「個人情報」等の用語の概念を整理した上，個人情報取扱事業者の義務の概要，ビッグデータを活用する上で留意すべき主な義務，海外への移転規制と域外適用について，簡単に解説する。

個人情報保護法上の用語の概念

　ビッグデータが個人情報保護法の規制の対象となるのは，当該データが同法の「個人情報」に該当する場合である。逆にいえば，「個人情報」に該当しなければ，後述の「匿名加工情報」に該当する場合を除き，個人情報保護法の規制の対象外となるため，ビッグデータを活用するを検討する際には，対象となるデータが「個人情報」に該当するか否かは最も重要な

---

[2]　個人情報保護法に関しては，個人情報保護委員会が「個人情報の保護に関する法律についてのガイドライン」を策定・公表している。同ガイドラインには，①通則編（2016年11月（2019年1月一部改正）），②外国にある第三者の提供編（2016年11月（2019年1月一部改正）），③第三者提供時の確認・記録義務編（2016年11月），④匿名加工情報編（2016年11月（2017年3月一部改正））の4種類がある。このほかにも，同委員会は，個人データの漏洩時の対応をまとめた「個人データの漏えい等の事案が発生した場合等の対応について」（平成29年個人情報保護委員会告示第1号）や『「個人情報の保護に関するガイドライン」及び「個人データの漏えい等の事案が発生した場合等の対応について」に関するQ&A』（2017年2月16日（2019年6月7日更新））なども策定・公表している。さらに，金融関連分野や医療関連分野などの特定分野についてガイドラインが策定・公表されている。

検討事項となる。

個人情報保護法は,「個人情報」を以下のように定義している（同法2条1項）。

個人情報保護法第2条第1項

生存する個人に関する情報であって，次の①または②のいずれかに該当するもの

① 「当該情報に含まれる氏名，生年月日その他の記述等〔中略〕により特定の個人を識別することができるもの（他の情報と容易に照合することができ，それにより特定の個人を識別することができることとなるものを含む)」（同項1号）

② 「個人識別符号が含まれるもの」（同項2号）

上記①に該当するためには，(i)「特定の個人を識別することができる」こと（特定個人識別性)[3]，(ii)それ自体では特定の個人を識別できなくても，「他の情報と容易に照合することができ，それにより特定の個人を識別することができる」こと（容易照合性)[4]，のいずれかの要件を満たす必要がある。

上記②の「個人識別符号」は，2015年の個人情報保護法の改正により導入された概念であり，具体的には，(i)指紋データや顔認識データのような個人の身体の特徴をコンピュータの用に供するために変換した文字，番号，記号等の符号（同法2条2項1号)，(ii)旅券番号や運転免許証番号のような

---

3 「特定の個人を識別できる」とは，個人情報保護員会の解釈によれば，「社会通念上，一般の判断力や理解力をもって，生存する具体的な人物と情報との間に同一性を認めるにいたることができること」をいう（個人情報保護委員会『『個人情報の保護に関する法律についてのガイドライン』および『個人データの漏えい等の事案が発生した場合等の対応について』に関するQ&A」（2017年2月16日（2019年12月25日更新))「Q1-1」参照)

4 「他の情報と容易に照合でき」るとは，個人情報保護委員会の解釈によれば，「事業者の実態に即して個々の事例ごとに判断されるべきであるが，通常の業務における一般的な方法で，他の情報と容易に照合することができる状態であると解される」（個人情報保護委員会「個人情報の保護に関する法律についてのガイドライン（通則編)」(2016年11月（2019年1月一部改正))6頁

第7章　ビッグデータとプライバシー法制　129

個人に割り当てられた文字，番号，記号等の符号（同項2号）がこれに当たる。

なお，個人情報保護法上の義務・規制を理解する上で必要となる主な用語の概念は，以下のとおりである。

用語	内容	具体例
個人情報 （2条1項）	生存する個人に関する情報であって， ①特定の個人が識別できるもの ②他の情報と容易に照合することができ，それにより特定の個人が識別できるもの ③個人識別符号が含まれるもの	・氏名 ・生年月日，連絡先（住所，居所，電話番号，メールアドレス），会社における職位または所属に関する情報について，それらと氏名を組み合わせた情報 ・特定の個人が識別できる映像情報，音声録音情報　etc.
個人識別符号 （2条2項）	①特定の個人の身体の一部の特徴を電子計算機の用に供するために変換した符号であって，当該特定の個人を識別することができるもの ②個人に提供される役務の利用もしくは個人に販売される商品の購入に関し割り当てられ，または個人に発行されるカードその他の書類に記載され，もしくは電磁的方式により記録される符号であって，利用者等ごとに異なるものとなるように割り当てられ，または記載され，もしくは記録されることにより，特定の利用者等を識別できるもの	・DNA，顔，虹彩，声紋，歩行の態様，手指の静脈，指紋・掌紋　etc. ・旅券番号，基礎年金番号，免許証番号，住民票コード，個人番号（マイナンバー），各種保険証の被保険者番号etc.

用語	内容	具体例
要配慮 個人情報 （2条3項）	本人に対する不当な差別，偏見その他の不利益が生じないようにその取扱いに特に配慮を要するもの	・人種，信条，社会的身分，病歴，犯罪の経歴，犯罪により害を被った事実 ・身体障害，知的障害，精神障害（発達障害を含む）等，心身の機能の障害があること ・健康診断等の結果　etc.
個人データ （2条6項）	特定の個人情報を電子計算機等により検索することができるように体系的に構成したデータベース（＝個人データベース等）を構成する個人情報	・個人データベース等から外部記録媒体に保存された個人情報 ・個人データベース等から紙面に出力された帳票等に印字された個人情報　etc.
保有個人 データ （2条7項）	個人情報取扱事業者が，開示，内容の訂正，追加または削除，利用の停止，消去および第三者への提供の停止を行うことのできる権限を有する個人データ（その存否が明らかになることにより公益その他の利益が害されるものまたは6カ月以内に消去することとなるものを除く）	上記参照
匿名加工 情報 （2条9項）	個人情報に含まれる記述等の一部を削除（個人識別符号の場合は全部を削除）すること等により，特定の個人を識別することができないように個人情報を加工して得られる個人に関する情報であって，当該個人情報を復元することができないようにしたもの	「氏名・性別・生年月日・購買履歴」 ↓　加工 「性別・生年・購買履歴」

個人情報取扱事業者の義務

　個人情報保護法は，上述の「個人情報」「個人データ」「保有個人データ」「要配慮個人情報」といった個人情報の種類に応じて，個人情報取扱事業者に対してそれぞれ異なる義務を課している。

第 7 章　ビッグデータとプライバシー法制　　**131**

　すなわち，個人情報取扱事業者は，「個人情報」を取り扱う場合には，利用目的の特定や取得に際して利用目的の通知・公表など**図表 7 - 1** の①～⑤の義務を遵守する必要がある（同法15条～18条，35条）。

　また，個人情報が「個人データ」に該当する場合には，個人情報取扱事業者は，上記①～⑤の義務に追加して，データ内容の正確性の確保や第三者提供の制限など**図表 7 - 1** の⑥～⑩の義務を遵守する必要がある（同法19条～26条）。

　さらに，個人データが「保有個人データ」に該当する場合には，個人情報取扱事業者は，上記①～⑩の義務に追加して，保有個人データに関する事項の公表等や開示など**図表 7 - 1** の⑪～⑮の義務を遵守する必要がある（同法27条～34条）。

　上記のほか，個人情報が「要配慮個人情報」（同法 2 条 3 項）に該当する場合には，それを取得するには原則として本人の同意が要求され（同法17条 2 項），オプトアウトによる第三者提供が禁止されている（同法23条 2 項）。

図表 7 - 1　個人情報取扱事業者の義務

個人情報

個人データ

保有個人データ

要配慮個人情報

匿名加工情報の規制

① 利用目的の特定（15条）
② 利用目的による制限（16条）
③ 適正な取得（17条）
　（※**要配慮個人情報の取得制限**（17条 2 項））
④ 取得に際しての利用目的の通知等（18条）
⑤ 苦情の処理（35条）

⑥ データ内容の正確性の確保（19条）
⑦ 安全管理措置（20条）
⑧ 従業者の監督（21条）
⑨ 委託先の監督（22条）
⑩ 第三者提供の制限，確認・記録（23条～26条）
　（※**要配慮個人情報のオプトアウト提供禁止**（23条 2 項））

⑪ 保有個人データに関する事項の公表等（27条）
⑫ 開示（28条）
⑬ 訂正・追加・削除（29条）
⑭ 利用停止等（30条）
⑮ 理由の説明（31条）・開示等の手続（32条-34条）

なお，個人情報保護法は，上記の「個人情報」に関する規制とは別に，「匿名加工情報」に関する規制を設けている。個人情報取扱事業者が「匿名加工情報」を作成・提供するにあたっては，後述のとおり，基準に従った適正な加工，提供時における一定の情報の明示や提供方法の公表，個人の識別の禁止，安全管理措置の努力等が義務づけられている（同法36条〜39条）。

ビッグデータを活用する上で留意すべき主な義務の内容

個人情報取扱事業者が個人情報を含むビッグデータを利活用する際には，上記の個人情報取扱事業者の義務のうち，特に以下の義務に留意が必要である。

● 安全管理措置

ビッグデータが「個人データ」に該当する場合，個人情報取扱事業者は，その取扱いにあたっては，「安全管理措置」として，個人データの漏洩，滅失またはき損の防止その他の個人データの安全管理のために必要かつ適切な措置を講じなければならない（個人情報保護法20条）。また，個人データの安全管理を担保するため，個人情報取扱事業者は，その従業者に個人データを取り扱わせるにあたっては，当該従業者に対する必要かつ適切な監督を行わなければならず（同法21条），また，たとえば，他の業者や研究機関にデータの分析等を依頼する場合など，個人データの取扱いの全部または一部を委託する場合は，委託を受けた者に対する必要かつ適切な監督を行わなければならない（同法22条）。

IoTサービスによって収集・蓄積したビッグデータを管理・利用するにあたっては，セキュリティの問題を避けて通れない。IoTによりインターネットに接続するデバイスが増えれば，それだけセキュリティリスクに晒されるデバイスが増えることになるため，クラッキングやハッキングなど外部からの不正アクセスをどのように防止するかが課題となる。

第7章　ビッグデータとプライバシー法制　133

● 第三者提供の制限

　ビッグデータが「個人データ」に該当する場合，これを第三者に提供するためには，原則として本人の同意を得る必要がある（個人情報保護法23条1項）。かかる本人の同意の取得は，ビッグデータを転々流通させる上では制約となり得る。また，たとえば，介護施設等で認知症患者から同意を取得する場合等[5]，そもそも本人からの同意の取得やその立証が困難な場面もあり得る。

　ただし，本人の同意がない場合であっても，①法令に基づく場合，②人の生命，身体，財産保護のために必要があり，本人の同意を得ることが困難な場合，③公衆衛生向上または児童の健全な育成推進のために特に必要があり，本人の同意を得ることが困難である場合，④国等が法令の定める事務を遂行することに対して協力する必要があり，本人の同意を得ることにより事務遂行に支障を及ぼす場合（同法23条1項1号〜4号）の場合には，例外的に第三者に提供することが可能である。

　なお，オプトアウトの方式により個人データ（要配慮個人情報を除く）を第三者提供することも可能であるが，その場合には，①第三者への提供を利用目的とすること，②第三者に提供される個人データの項目，第三者への提供の方法，③本人の求めに応じて当該本人が識別される個人データの第三者への提供を停止すること，④本人の求めを受け付ける方法について，あらかじめ，本人に通知し，または本人が容易に知り得る状態に置くとともに，個人情報保護委員会に届け出る必要がある（同法23条2項）。

5　総務省・経産省の設置したIoT推進コンソーシアムが2017年3月に発表した「新たなデータ流通取引に関する検討事例集」では，ソリューション提供事業者が介護施設等に設置したセンサから取得した介護データを分析し，ヘルスケアサービス（介護システム提供，介護業務の改善提案等）で利用するとともに，第三者へ販売するというモデルについて，介護施設という性質上，本人に認知症等で意思能力がない可能性があり，同意取得に関して，本人からの同意の証拠能力が問われる可能性がある旨指摘されている（検討事例6参照）。

● 「要配慮個人情報」に関する規制

　IoT サービスで取得するビッグデータに「要配慮個人情報」が含まれる場合には，それを取得するには原則として本人の同意が必要とされるとともに（個人情報保護法17条2項），上述のオプトアウトの方式による第三者提供も禁止されることとなる（同法23条2項）。これにより，IoT サービスにおいても，人種や病歴等の情報を本人の同意なく取得したり，オプトアウト方式で第三者提供したりすることはできなくなっている。

　ただし，たとえば，防犯カメラ等で要配慮個人情報に当たるものを撮影する際に逐一同意を得ることは困難であるため，本人を目視し，または撮影することにより，その外形上明らかな要配慮個人情報を取得する場合は，取得の際の本人の同意は不要とされている（同法17条2項6号，同法施行令7条1号）。

● 「匿名加工情報」に関する規制

　「匿名加工情報」は，2015年の個人情報保護法により，一定の規制の下でビッグデータ（パーソナルデータ）の利活用を促すため，新たに導入された制度である。

　「匿名加工情報」に関する規制は，大別して，匿名加工情報を作成する個人情報取扱事業者の義務（同法36条），匿名加工情報を受け取った事業者（匿名加工情報取扱事業者）の義務（同法37条～39条）の2つに分かれている。その概要は，以下の**図表7－2**のとおりである。

　個人情報の場合には，利用目的の範囲内でしか利用することはできないが（同法16条），匿名加工情報の場合は，本来の利用目的外での利用が可能である。また，個人データを第三者提供する場合には原則として本人の同意が必要であるが（同法23条1項），匿名加工情報を第三者提供する場合には，そこに含まれる個人に関する情報の項目や提供方法を公表するとともに，当該情報が匿名加工情報であることを明示すれば，本人の同意なく

第 7 章　ビッグデータとプライバシー法制　　135

図表 7 − 2　匿名加工情報に関する規制

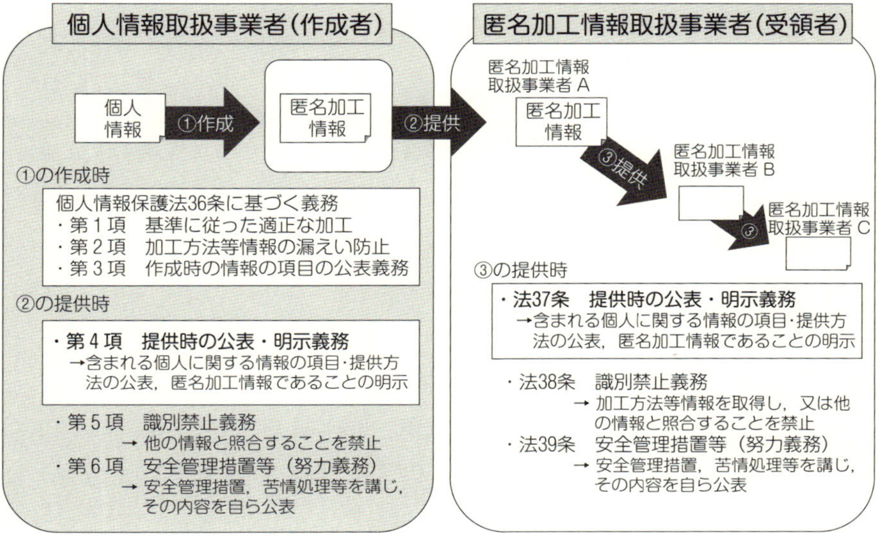

※図表中の「法」は個人情報保護法を表わす

提供することができる（同法36条 4 項，37条）。これにより，ポイントカードの購入履歴や交通系 IC カードの乗車履歴等の複数の事業者間での利活用や，医療機関が保有する医療情報の創薬・臨床分野で利活用等が期待されている。

　しかし，もともと，非個人情報（特定の個人の識別性や容易照合性がなく，「個人情報」に当たらない情報）の場合には，個人情報保護法の規制の対象外であるため，IoT サービスにおいては，種々の規制のある「匿名加工情報」としてパーソナルデータを利活用するよりも，規制の枠外の非個人情報としてパーソナルデータを利活用することを選択する企業も多いように思われる。IoT サービスにおいて「匿名加工情報」を定着させるためには，たとえば，匿名加工基準や法令上の義務にさえ従っていれば免責を受けられる，あるいは個人情報保護委員会がモデルケースとして事例を紹介して

事実上のお墨付きを与える等，何らかのインセンティブが必要であるように思われる。

海外への移転規制および域外適用等

ビッグデータは，国境をまたいで取得・提供される場合があるが，個人情報保護法は，①外国にある第三者への個人データの提供の制限（同法24条），②国外適用（同法75条），③外国執行当局への情報提供に係る規定（同法78条）を設けている。

● 外国にある第三者の個人データの提供の制限

個人情報取扱事業者は，外国にある第三者に個人データを提供する場合には，原則として，あらかじめ外国にある第三者への提供を認める旨の本人の同意を得る必要がある（個人情報保護法24条）。

ただし，例外として，以下の場合には，本人の同意を得る必要がないとされている。

---
① 当該第三者が，日本と同等の水準にあると認められる個人情報保護制度を有している国として個人情報保護委員会規則で定める国にある場合
② 当該第三者が，個人情報取扱事業者が講ずべき措置に相当する措置を継続的に講ずるために必要なものとして個人情報保護委員会規則で定める基準に適合する体制を整備している場合
③ 個人情報保護法23条１項各号に該当する場合

2019年1月23日現在，①の個人情報保護委員会規則で定める国は，EUの31カ国である[6]。従前は，個人情報保護委員会規則で定める国はゼロであったが，日本とEU間の相互の円滑な個人データの移転を図るため，個人情報保護法は，日本と同等の水準にあると認められる個人情報保護制度を有している外国としてEUを指定し，これにあわせて，欧州委員会は，

2019年1月23日に日本が個人データについて十分な保護水準を確保している旨の認定（十分性認定）を行っている。

なお，EU 域内から十分性認定により移転を受けた個人データの取扱いに関しては，後述の GDPR と日本の個人情報保護法の相違点を考慮し，個人情報保護法およびガイドラインに加えて，いくつか最低限遵守すべき規律があり，個人情報保護委員会は，それを補完的ルールとして公表している[7]。

上記②の個人情報保護委員会規則で定める基準に適合する体制を整備している場合とは，(i)または(ii)のいずれかに該当する場合である。

(i) 個人情報取扱事業者と個人データの提供を受ける者との間で，当該提供を受ける者における当該個人データの取扱いについて，適切かつ合理的な方法[8]により，個人情報保護法第4章第1節の規定の趣旨に沿った措置[9]の実施が確保されている場合

6　アイスランド，アイルランド，イタリア，英国，エストニア，オーストリア，オランダ，キプロス，ギリシャ，クロアチア，スウェーデン，スペイン，スロバキア，スロベニア，チェコ，デンマーク，ドイツ，ノルウェー，ハンガリー，フィンランド，フランス，ブルガリア，ベルギー，ポーランド，ポルトガル，マルタ，ラトビア，リトアニア，リヒテンシュタイン，ルーマニアおよびルクセンブルク（「個人の権利利益を保護する上でわが国と同等の水準にあると認められる個人情報の保護に関する制度を有している外国等」（平成31年個人情報保護委員会告示第1号）https://www.ppc.go.jp/files/pdf/190123_h31iinkaikokuji01.pdf）

7　個人情報保護委員会，2018年9月「個人情報の保護に関する法律に係る EU 域内から十分性認定により移転を受けた個人データの取扱いに関する補完的ルール」（https://www.ppc.go.jp/files/pdf/Supplementary_Rules.pdf）

8　「適切かつ合理的な方法」としては，たとえば，①外国にある事業者に個人データの取扱いを委託する場合には，提供元および提供先間の契約，確認書，覚書等，②同一の企業グループ内で個人データを移転する場合には，提供元および提供先に共通して適用される内規，プライバシーポリシー等が挙げられる（2016年11月（2019年1月一部改正）個人情報保護委員会「個人情報の保護に関する法律についてのガイドライン（外国にある第三者への提供編）」8頁）。

9　「法第4章第1節の規定の趣旨に沿った措置」とは，具体的には，個人情報保護法15条〜24条，27条〜33条，35条に定める事項であり，実質的に適切かつ合理的な方法によりこれらの事項の実施が確保されている必要がある（前掲注8・ガイドライン9-11頁）。

(ⅱ) 個人データの提供を受ける者が，個人情報の取扱いに係る国際的な枠組みに基づく認定を受けている場合[10]

　なお，たとえば，海外へのデータ移転であっても，たとえば，クラウドのデータセンターサービスを利用している場合において，当該クラウドサービス提供事業者が利用者の個人データを取り扱わないこととなっている場合には，利用者は当該クラウドサービス提供事業者に個人データを提供したことにはならないため，「第三者への提供」に該当しないとされている[11]。

● 域外適用
　以下の各規定は，日本国内にある者に対する物品または役務の提供に関連してその者を本人とする個人情報を取得した個人情報取扱事業者が，外国において，当該個人情報または当該個人情報を用いて作成した匿名加工情報についても適用される（個人情報保護法75条）。

	域外適用される規定
①	利用目的の特定等（個人情報保護法15条）
②	利用目的による制限（同法16条）
③	利用目的の通知または公表（同法18条。ただし同条2項を除く）
④	データ内容の正確性の確保等，安全管理措置，従業者の監督，委託先の監督，第三者提供の制限，外国にある第三者への提供の制限，第三者提供に係る記録の作成等（同法19条〜25条）

10　たとえば，アジア太平洋経済協力（APEC）の越境プライバシールール（CBPR）システムの認証を取得している場合がこれに当たる（前掲注8・ガイドライン8-9頁）。

11　「『個人情報の保護に関する法律についてのガイドライン』および『個人データの漏えい等の事案が発生した場合等の対応について』に関するQ&A」Q5-33，9-5等参照。
https://www.ppc.go.jp/files/pdf/180720_APPI_QA.pdf

	第7章　ビッグデータとプライバシー法制　139
⑤	保有個人データに関する事項の公表等，開示，訂正等，利用停止等，理由の説明，開示等の請求等に応じる手続，利用目的の通知の求めまたは開示請求に係る手数料，苦情処理，匿名加工情報の作成等（同法27条〜36条）
⑥	指導および助言（同法41条）　※報告徴収・立入検査や命令は適用されない。
⑦	勧告（同法42条1項）
⑧	個人情報保護委員会の権限の行使の制限（同法43条）
⑨	適用除外（同法76条）

● 外国執行当局への情報提供

　なお，個人情報保護委員会は，外国執行当局に対し，その職務の遂行に資すると認める情報の提供を行うことができる（個人情報保護法78条1項）。ただし，上記の情報の提供については，当該情報が当該外国執行当局の職務の遂行以外に使用されず，かつ，下記の同意がなければ外国の刑事事件の捜査等に使用されないよう適切な措置がとられなければならないとされている（同条2項）。

　また，個人情報保護委員会は，外国執行当局からの要請があったときは，次の①〜③のいずれかに該当する場合を除き，同条1項の規定により提供した情報を当該要請に係る外国の刑事事件の捜査等に使用することについて同意をすることができることとされている（同条3項）。

---

① 　当該要請に係る刑事事件の捜査等の対象とされている犯罪が政治犯罪であるとき，または当該要請が政治犯罪について捜査等を行う目的で行われたものと認められるとき。
② 　当該要請に係る刑事事件の捜査等の対象とされている犯罪に係る行為が日本国内において行われたとした場合において，その行為が日本国の法令によれば罪に当たるものでないとき。
③ 　日本国が行う同種の要請に応ずる旨の要請国の保証がないとき。

（2）　電気通信事業法（通信の秘密）による規制

　電気通信事業者等が，その取り扱う通信の履歴等からビッグデータ（パーソナルデータ）を収集・活用する場合には，個人情報保護法とは別に，「通信の秘密」の保護にも留意する必要がある。

　「通信の秘密」とは，通信の内容，通信の相手方などの事実を知られずに秘密のうちに通信を行うことができることをいう。通信は，人間の社会生活に必要不可欠なコミュニケーション手段であり，その秘密を保障することは，自由なコミュニケーションや個人の私生活の自由を保障する上で非常に重要であるため，憲法21条2項は，通信の秘密を保障している。

　憲法21条2項の通信の秘密が保障を受けて，電気通信事業法4条1項は，「電気通信事業者の取扱中に係る通信の秘密は，侵してはならない」と定めている。

　この「通信の秘密」の保護の対象には，個別の通信に係る通信内容だけでなく，当該通信に係る通信の日時，場所，通信当事者の氏名・住所，電話番号等の通信当事者の識別符号，通信回数等これらの事項を知られることによって通信の意味内容を推知される事項すべてを含むと解されている[12]。

　また，「侵す」とは，一般に，①通信当事者以外の第三者が積極的意思で通信の秘密を知得すること（知得），②発信者・受信者の意思に反して通信を利用すること（窃用），または③通信を他人が知り得る状態に置くこと（漏洩）がこれに当たる。

　そのため，IoTサービスにおいて，サービス提供者が，利用者の同意なく，利用者間でやり取りされている通信に関する情報を積極的に知得したり，その情報を自らの事業活動に利用したり，第三者に提供したりするこ

　12　多賀谷一照ほか編『電気通信事業法逐条解説』（電気通信振興会，2008）38頁，プラットフォームサービス研究会中間報告書8頁

とは，原則として通信に秘密侵害に該当することになる。ただし，仮に通信の秘密侵害に該当する場合であっても，正当行為，正当防衛，緊急避難その他違法性阻却事由がある場合は，利用者の同意がなくても違法にはならないと解されている。

通信の秘密に係る個人情報の取扱い

　ビッグデータ（パーソナルデータ）が通信の秘密に係る個人情報に該当する場合，個人情報保護法のみならず，上記の電気通信事業法4条1項が適用され，事業者は，裁判官の発付した令状に従う場合，正当防衛または緊急避難に該当する場合その他の違法性阻却事由がある場合を除き，通信当事者の同意なく，その取得，保存，利用および第三者提供を行うことは許されないと解されている。そのため，通信の秘密に係る個人情報については，単なる個人情報よりも厳格な規制を課せられている。

　この点に関し，「電気通信事業における個人情報保護に関するガイドライン」（平成29年4月18日総務省告示第152号，最終改正平成29年9月14日総務省告示第297号。以下「総務省ガイドライン」という）[13]は，通信の秘密にも該当する個人情報の取扱いについて，個人情報取扱事業者に対し，たとえば，図表7－3のようなルールを設けている。

図表7－3　通信の秘密に係る個人情報の保護

利用目的の制限	個人情報保護法上は，16条3項各号に該当する場合には，例外的に利用目的の達成に必要な範囲を超えた個人情報の利用ができる。これに対し，通信の秘密に係る個人情報の場合には，上記の例外にかかわらず，「電気通信事業者は，利用者の同意がある場合その他の違法性阻却事由がある場合を除いては，通信の秘密に係る個人情報を利用してはならない」（総務省ガイドライン5条4項）。

13　本文：http://www.soumu.go.jp/main_content/000507466.pdf
　　解説：http://www.soumu.go.jp/main_content/000603940.pdf

適正な取得	個人情報保護法上は，17条2項各号に該当する場合には，「要配慮個人情報」を同意なく取得できる。しかし，通信の秘密に係る個人情報の場合には，上記の例外にかかわらず，「電気通信事業者は，利用者の同意がある場合その他の違法性阻却事由がある場合を除いては，通信の秘密に係る個人情報を取得してはならない」（総務省ガイドライン7条3項）。
情報の保存	個人情報保護法上は，利用の必要がなくなったときは，当該個人データを遅滞なく消去するよう努めるとされている（同法19条）。しかし，通信の秘密に係る個人情報の場合には，「電気通信事業者は，利用者の同意がある場合その他の違法性阻却事由がある場合を除いては，通信の秘密に係る個人情報を保存してはならず，保存が許される場合であっても利用目的達成後においては，その個人情報を速やかに消去しなければならない」（総務省ガイドライン10条2項）。
第三者提供	個人情報保護法上は，23条各号に該当する場合には，例外的に個人情報の第三者提供ができる旨を定めている。しかし，通信の秘密に係る個人情報の場合には，上記の例外にかかわらず，「電気通信事業者は，利用者の同意がある場合その他の違法性阻却事由がある場合を除いては，通信の秘密に係る個人情報を第三者に提供してはならない」（総務省ガイドライン15条8項）。
各種情報の取扱い	個人情報保護法およびガイドラインには，「通信履歴」等の個々の情報の取扱いについて具体的なルールはない。これに対し，総務省ガイドラインでは，「通信履歴」（同32条），「利用明細」（同33条），「発信者情報」（同34条），「位置情報」（同35条），「不払い者等情報」（同36条），「迷惑メール等送信に係る加入者情報」（同37条），「電話番号情報」（同38条）などの各種情報の取扱いルールを具体的に定めている。

このように，ビッグデータ（パーソナルデータ）が通信の秘密に係る個人情報に該当する場合には，電気通信事業者は，個人情報保護法に定めるルールのほか，**図表7－3**のような「通信の秘密」を保護するためのルールも遵守する必要がある。

通信の秘密に係る情報の活用と利用者の同意

上述のとおり，電気通信事業者がその提供するサービスの中で通信の秘

密に係る情報を取得したとしても，利用者本人の同意がある場合には，通信の秘密侵害にはならないが，利用者の同意が約款等による事前の包括同意で足りるかについては議論がある。

　この点について，従来から通信の秘密に係る情報の取扱いについて有効な同意といえるためには，従来原則として「個別具体的かつ明確な同意」が必要とされている。

　たとえば，総務省が2010年5月に公表した「利用者視点を踏まえたICTサービスに係る諸問題に関する研究会」第二次提言12頁は，「役務提供契約約款等に基づく事前の包括同意のみにより通信の秘密の利益を放棄させることができるかどうかについては，①約款は当事者の同意が推定可能な事項を定める性質であり，通信の秘密の利益を放棄させる内容はその性質になじまないこと，②事前の包括同意は将来の事実に対する予測に基づくため対象・範囲が不明確となることから，一般的には有効な同意と解されていない」と説明している。また，総務省が2019年4月5日に公表した「プラットフォームサービスに関する研究会中間報告書」（以下「プラットフォームサービス研究会中間報告書」という）でも，「通信の秘密に係る情報の活用に当たっては，従来原則として利用者の『個別具体的かつ明確な同意』の取得が求められる」（28頁）として，従前の整理を踏襲している。

　したがって，現状の整理では，通信事業者が通信の秘密に係る情報を取得する場合には，約款等による包括同意ではなく，利用者から個別具体的かつ明確な同意を得る必要がある。

　もっとも，利用者からの同意の取得の点に関しては，プラットフォームサービス研究会中間報告書では，「利用者から取得される利用者情報が増えるにつれて，類似の同意取得手続きが繰り返され，かつ，その活用の方法が複雑になり多岐にわたるにつれて，同意取得時の説明も複雑で分かりにくくなる結果，かえって利用者が十分に理解しないままに同意をしてしまう，いわゆる「同意疲れ」が課題となっていることから，同意取得やそ

の際の説明の在り方についても検討することが適当である」（28頁）との報告がなされており，当該検討の結果およびそれを踏まえたガイドライン等の今後の動向を注視しておく必要がある。

外国の事業者への適用

従来，電気通信設備を国外のみに設置する者であって，日本国内に拠点を置かない者に対しては，通信の秘密に関する電気通信事業法4条1項による規律は及ばないものとして運用されてきた。しかし，昨今，国外に拠点を置いてグローバルにサービスを提供するプラットフォーム事業者のプレゼンスが大きくなってきており，わが国の多くの利用者がこれらのサービスを利用している状況や国外のプラットフォーム事業者による利用者情報の大量流出事案が相次いでいる状況に鑑みると，これらの国外のプラットフォーム事業者に対する同規律の適用の在り方が問題となっている。

この点について，プラットフォームサービス研究会中間報告書は，国外のプラットフォーム事業者による利用者情報の適切な取扱いの確保がなされなければ，利用者が安心してサービスを利用することができなくなり，プラットフォームを通じた多様なサービスの普及による電気通信の健全な発展と国民の利便の確保に支障が生じ得ることから，「我が国の利用者を対象にサービスを提供する場合には，提供主体が国内か国外かにかかわらず等しく利用者情報及び通信の秘密・プライバシーの保護に係る規律を適用することにより，我が国の利用者の利用者情報の適切な取扱いが確保されるようにすることが適当である」，「国内外の事業者間の公平性を確保し，イコールフッティングを図る観点からも，国内か国外かにかかわらず，利用者情報及び通信の秘密等に係る規律が等しく適用されることが適切であると考えられる」と述べた上，「具体的には，国外のプラットフォーム事業者が，我が国の利用者を対象として電気通信サービスと同様の，又は類似したサービスを提供する場合についても，電気通信事業法に定める通信

第 7 章　ビッグデータとプライバシー法制　　**145**

の秘密の保護規定が適用されるよう，法整備を視野に入れた検討を行うとともに，併せてガイドラインの適用の在り方についても整理することが適当である」と報告している（プラットフォームサービス研究会中間報告書25頁）。

（3）　プライバシー権侵害

　ビッグデータの活用にあたっては，個人情報保護法や電気通信事業法などの行政法規の違反の問題とは別に，情報の帰属主体である本人との間でプライバシー権侵害に留意する必要がある。個人情報の漏洩事故が発生した場合において，個人が企業を訴える際の法的根拠となるのは，個人情報保護法ではなく，プライバシー権侵害（民法709条の不法行為）である。

　プライバシーとは，法律上の定義はないが，他人に知られたくない私事または私生活に関する事柄を意味し，下級審の裁判例では，プライバシー権を「私生活をみだりに公開されないという法的保障ないし権利」[14]としている。

　プライバシーに属する情報であるからといって，それを公表等することがただちにプライバシー権侵害になるわけではない。

　まず，そもそも個人を特定できない情報については，それを公表等しても，プライバシー権侵害の問題は生じない。

　また，個人を特定できる情報であっても，それを公表等したからといってただちにプライバシー権侵害として不法行為となるわけではなく，これを公表等されない法的利益と公表等する理由とを比較衡量し，前者が後者に優越する場合にはじめて不法行為となる[15]。

14　東京地判昭和39年 9 月28日判時385号12頁〔『宴のあと』事件〕
15　最判平成 6 年 2 月 8 日民集38巻 2 号149頁，最判平成15年 3 月14日民集57巻 3 号229頁参照

3　欧州におけるプライバシー法制（GDPR）

　2018年5月25日にGDPR（一般データ保護規則）の適用が開始されてから，約1年が経過したが，欧州における個人データ保護を巡る動向は，非常に活発で流動的である。各種ガイドラインが公表され，制裁金の執行事例も徐々に現れてきている。また，上述のとおり，2019年1月23日には，欧州委員会において日本に対する十分性認定がなされている。そして，電子通信サービス分野におけるデータ処理を定める現行のeプライバシー指令に代えて，eプライバシー規則の制定に向けた議論もなされている。

　以下，GDPRの概要，GDPR上の用語の概念を整理した上，GDPRの義務の概要，GDPR違反のリスクを簡単に解説するとともに，eプライバシー規則の動向についても解説する。

（1）　GDPR

　GDPRは，個人データの処理およびEEA（欧州経済領域）域外への移転を行うための要件を定めるとともに，処理または移転を行う者が遵守すべき規範・義務を定めたEUの規則である。GDRPの条文は，文言上必ずしも明確ではない部分もあり，その解釈にあたっては，GDPRの前文，欧州データ保護会議が公表するガイドライン，EUデータ保護指令下において公表された意見書，加盟国の保護監督機関のウェブサイト等が参考となる。

　GDPR上の義務・規制を理解する上で必要となる主な用語の概念は，以下の図表のとおりである。

第7章　ビッグデータとプライバシー法制　**147**

用語	内容	具体例
個人データ (personal data) （GDPR 4 条 1 号および前文26 項〜30項）	識別されたまたは識別可能な自然人に関連するすべての情報 ※識別可能な自然人＝直接・間接に識別される人 ※個人が識別可能かどうかを判断するには，個人を直接・間接的に識別するために管理者またはそれ以外の者が適切に使用可能なすべての手段を考慮しなければならない。	・氏名，住所 ・（海外における）個人識別番号 ・位置データ ・E メールアドレス ・オンライン識別子 (IP アドレス /Cookie 識別子) ・身体的・生理学的・遺伝子的・精神的・経済的・文化的・社会的固有性に関する要因　etc.
センシティブ データ (sensitive data) （9 条 1 項, 10条）	①特別カテゴリーの個人データ ②有罪判決および犯罪に係る個人データまたは関連する保護措置に係る個人データ	（①の具体例） ・人種，民族の出自，政治的思想，宗教的・哲学的信条，労働組合員資格に関する個人データ ・遺伝的データ，自然人を特定し識別することを目的とした生体データ，健康・性生活・性的指向に関するデータ （②の具体例） ・過去の犯罪歴　etc.
処理(process) （4 条 2 号）	自動的手段で行われるか否かにかかわらず，個人データに対して行われるすべての操作または組単位の操作	・E メールアドレスの収集 ・クレジットカード情報の保管 ・従業員の連絡先詳細の変更 ・顧客氏名の開示 ・社内業務評価の閲覧 ・オンライン上の識別子の削除 ・全従業員の名前，社内での職務，事業所の住所等を含むディレクトリの作成　etc.
データ主体 (data subject) （4 条 1 号）	個人データが関連している識別し，または識別し得る自然人	

用語	内容
管理者 (controller) （4条7号）	単独または共同で個人データ処理の目的および手段を決定する自然人または法人その他の団体
処理者 （4条8号） (processor)	管理者のために個人データの処理を行う自然人または法人その他の団体
仮名化 (pseudony- misation) （4条5号および 前文26項）	個人の特定につながる追加情報とは別に保管され，かつ，技術的・組織的な措置がとられていることにより，追加情報なしには，識別されまたは識別可能な個人に紐づけできない方法で処理（process）すること ※なお，仮名化データは依然として個人データである点に留意が必要
匿名化 (anonymi- sation) （前文26項）	不可逆的に特定の自然人の識別ができないようにすること ※匿名化データは個人データでなく，GDPR の保護範囲外 ※指令下の作業部会が公表した意見書では，匿名化が認められるための基準として，①個人の抽出（Singling out）ができないこと，②同一人物の記録との照合（Linkability）ができないこと，③特定の個人に関する情報であることの推定（Inference）ができないことの3つを挙げている。

GDPR の適用範囲

　まず，GDPR は，EEA 域内に管理者または処理者の拠点（establishment）がある場合には，当該拠点の活動の局面における個人データの処理（処理が域内で行われるか，域外で行われるかは問わない）に適用される（GDPR3条1項）。

　また，EEA 域内に管理者または処理者の拠点がない場合であっても，EEA 域内のデータ主体の個人データの処理のうち，次のいずれかの場合には適用される（GDPR3条2項）。

　①　EEA 域内のデータ主体に対し，商品またはサービスを提供する場合

　　　たとえば，日本法人が，英語で，ユーロが支払通貨として利用でき

るようにして日本のサーバで EEA 域内の消費者向けに EC サイトを運営し，欧州に在住する顧客から，個人情報を取得する場合等がこれに当たる。

② EEA 域内のデータ主体の行動を監視する場合

たとえば，欧州に在住する個人から，アプリ等で位置情報を取得したり，ウェブサイト上から Cookie で個人情報を取得して行動ターゲット広告を行う場合等がこれに当たる。

なお，GDPR は，文言上，データ主体（自然人）に商品またはサービスを提供している場合に限定しているため，日本に拠点を置く事業者が EEA 域内に所在する個人ではなく，法人のみに対して，商品またはサービスを提供する場合，域外適用の対象にならないように読めるが，この点については，地理的適用ガイドライン案等でも特に言及されていないため，その解釈でよいのか疑義は残っている。

GDPR 上の義務の概要

GDPR 上の義務の内容の詳細については，紙面の都合上割愛するが，その概要は，以下の**図表7－4**のとおりである[16]。

図表7－4 GDPR 上の義務の概要

①	個人情報の処理に関する原則（GDPR 5 条）
②	処理の適法性（6 条）
③	センシティブデータの処理の適法性（9 条）
④	透明性および提供すべき情報（12条～14条）

16　GDPR のより詳細な内容については，岡田淳ほか編著『別冊 NBL.No168　実務担当者のための欧州データコンプライアンス―GDPR から e プライバシー規則まで』（商事法務，2019）を参照されたい。

⑤	データ主体の権利の尊重（15条〜22条）
⑥	管理者の義務（24条〜27条，35条〜36条）
⑦	処理者の義務（28条・82条）
⑧	記録保持義務（30条）
⑨	データセキュリティに関する義務（32条）
⑩	個人データ侵害時の通知義務（33条〜34条）
⑪	データ保護責任者（DPO）選任義務（37条〜39条）
⑫	行動規範および認証（40条〜43条）
⑬	域外へのデータ移転規制（44条〜49条）

　上記のうち，日本の制度にはない特徴的なものをいくつか説明すると，まず，GDPR は，上記⑤データ主体の権利の尊重の１つとして，たとえば，データポータビリティの権利を定めている。データポータビリティの権利とは，個人（データ主体）が，自己が管理者等に提供した個人データを，構造化され一般的に利用され機械可読性のある形式で，他の管理者に移行する権利であり（GDPR20条），これによって，消費者は，あるサービスから別のサービスに変更した場合において，元のサービスで提供・蓄積していた個人データを別のサービスに移転させることを要求することができる。

　また，GDPR は，管理者または処理者が EEA 域内に拠点を有しない場合（GDPR が域外適用される場合）には，処理が散発的である場合などの一定の例外を除き，EEA 域内で活動する代理人を選任する義務を課している（GDPR27条）。これは，EEA 域内での執行を確保するためである。

　さらに，GDPR は，管理者または処理者の中心的業務が定期的かつ体系的なデータ主体の監視を大規模に行うデータ処理である場合，または管理者または処理者の中心的業務が，特別カテゴリーの個人データ等（センシティブデータ）の処理を大規模に行うものである場合には，上記⑪のデータ保護責任者(DPO)の選任義務を課している（GDPR37条〜39条）。このデー

タ保護責任者は，日本企業の個人情報取扱規程等の内規で一般的に見られる個人情報取扱責任者とは異なり，その業務執行に関連して指示を受けず，解雇または罰則を受けないなどの独立性が要求されており，報告も最高経営責任者に対して行うこととされている。

これらのほかにも，GDPRは，上記⑥の管理者の義務として，「自然人の権利及び自由に対する高度のリスクをもたらす可能性」がある場合[17]，データ処理の前にデータ保護影響評価（DPIA）を行う義務を課している（GDPR35条〜36条）。評価対象項目は，想定されるデータ処理業務の内容およびその目的，目的に対するデータ処理業務の必要性および比例性，データ主体の権利および自由に対するリスクの程度，上記リスクに対処するために予定される対策である（GDPR35条7項）。

なお，上記⑬の域外へのデータ移転規制については，十分性認定が行われた国に対する個人データの移転は原則自由であり，上述のとおり，2019年1月23日に日本に対する十分性認定が行われた。これにより，日本に個人データを移転することは，個別の同意やSCC（Standard Contractual Clauses＝欧州委員会が定めた標準契約条項の雛形）などを用いたデータ移転契約を締結しなくても，自由に可能となっている。

GDPR違反のリスク

GDPR違反の制裁の種類としては，①制裁金，②開示・監査等の調査，③作為・不作為に関する遵守命令，④処理の禁止，⑤データ主体に周知さ

17　①評価またはスコアリング，②法的効果または類似の重大な影響を伴う自動的な意思決定，③体系的な監視，④センシティブデータ，⑤大規模なデータ処理，⑥複数のデータセットの照合または結合，⑦脆弱なデータ主体に関するデータ（前文75項），⑧技術的もしくは組織的な解決策の革新的な利用または適用，⑨処理自体が「データ主体が権利を行使しまたはサービスを利用しもしくは契約を行うことを妨げる」場合（GDPR22条および前文91項）の9項目のうちの2項目に該当するにもかかわらず，「高度のリスクが生じる可能性」はないと考える場合，当該管理者はDPIAを実施しない理由を十分に書面化する必要がある（GDPR35条3項およびガイドライン（WP248rev. 01））。

せるよう指示する命令，⑥認証の撤回，⑦警告等がある。

　このうち，日本の個人情報保護法と異なり，実務上の影響が大きいと考えられるのが高額な制裁金である。制裁金の上限額は，以下のとおり，違反の類型に応じて2つに分けられる。

---

① 　1,000万ユーロ以下，または事業者の場合には前会計年度の全世界年間売上高の2％以下のいずれか高い方
- 16歳未満の子どもに対する直接的な情報社会サービスの提供に関する個人データの処理には，子に対する保護責任を持つ者による同意または許可が必要という条件に従わなかった場合（8条）
- GDPR要件を満たすために適切な技術的・組織的な対策を実施しなかった，またはそのような措置を実施しない処理者を利用した場合（25条，28条）
- 義務があるのにEU代理人を選任しない場合（27条）
- 責任に基づいて処理行為の記録を保持しない場合（30条）
- 監督機関に協力しない場合（31条）
- リスクに対する適切なセキュリティレベルを保証する適切な技術的・組織的な対策を実施しなかった場合（32条）
- 個人データ侵害を義務があるのに監督機関に通知しなかった場合（33条），データ主体に通知しなかった場合（34条）
- 影響評価を行わなかった場合（35条）
- 影響評価によって示されていたにもかかわらず処理の前に監督機関に助言を求めなかった場合（36条）
- データ保護責任者を選任しなかった場合，またはその職や役務を尊重しなかった場合（37条～39条）

② 　2,000万ユーロ以下，または事業者の場合には前会計年度の全世界年間売上高の4％以下のいずれか高い方
- データ処理に関する原則を遵守しなかった場合（5条）
- 適法に個人データを処理しなかった場合（6条）
- 同意の条件を遵守しなかった場合（7条）
- 特別カテゴリーの個人データ処理の条件を遵守しなかった場合（9条）
- データ主体の権利およびその行使の手順を尊重しなかった場合（12条～22条）

第 7 章　ビッグデータとプライバシー法制　**153**

- ● 個人データの移転の条件に従わなかった場合（44条～49条）
- ● 監督機関の命令に従わなかった場合（58条 1 号，2 号）

（2）　e プライバシー規則案

　e プライバシー規則案（いわゆる e-Privacy Regulation。以下「規則案」という）は，電子通信サービスの分野におけるプライバシーおよび個人データの処理を規律するものであり，通信の秘密，電子通信データの処理，Cookie の取扱い，ダイレクトマーケティングの取扱いなどを定めるものである。

　欧州においては，GDPR のほか，オンラインの電子通信サービスの分野におけるプライバシーおよび個人データの処理を規律するものとして，e プライバシー指令（いわゆる e-Privacy Directive。以下「現行指令」という）が存在しているが，現在，欧州委員会において，これに代わるものとして規則案が審議されている。この規則案は，2017年 1 月に欧州委員会が最初の案を公表し，その後数回にわたって EU 理事会から修正案が公表されているが，現時点（2019年 7 月26日時点）では，いまだ成立にいたっておらず，その内容も流動的である。しかし，これが成立すれば，欧州でオンラインの事業を展開する日本企業に影響を及ぼすことは間違いない。

　2019年 3 月13日時点の規則案[18]の概要およびポイントは，以下の**図表 7 － 5** のとおりである[19]。

18　http://data.consilium.europa.eu/doc/document/ST-13256-2018-INIT/en/pdf
19　より詳細な内容については，前掲注16・『別冊 NBL. No168　実務担当者のための欧州データコンプライアンス―GDPR から e プライバシー規則まで』を参照されたい。

| 図表7-5 | eプライバシー規則案の概要とポイント |

	概要	ポイント
①	適用範囲	地理的範囲，対象サービス，対象データが拡大
②	機密保持	通信の秘密の適用範囲が拡大
③	電子通信データの処理	一定の限定的な目的に限り処理が可能
④	Cookie	原則として同意が必要
⑤	ダイレクトマーケティング	原則として同意が必要 対象サービスが拡大
⑥	執行と制裁	(i) 1,000万ユーロ以下，または事業者の場合には前会計年度の全世界年間売上高の2%以下のいずれか高い方 (ii) 2,000万ユーロ以下，または事業者の場合には前会計年度の全世界年間売上高の4%以下のいずれか高い方
⑦	同意の要件	GDPR の定める同意の要件を適用

　紙面の都合上，規則案の主なポイントをピックアップして説明すると，まず，規則案では，現行指令よりも，適用範囲が拡大されている。すなわち，現行指令では，欧州に拠点を有しない事業者への適用など地理的な適用範囲が明確ではなかったが，規則案では，処理の場所や事業者の所在地を問わず，EU 域内に所在するエンドユーザに対する電子通信サービスや当該ユーザの電子通信コンテンツとメタデータの処理などに適用されることを明文化し，域外適用の範囲を拡大している（規則案3条1項）。また，対象サービスも，従来の電子通信サービスにとどまらず，メッセンジャーやウェブメール，VoIP などの OTT（Over-the-Top）サービス，M2M（人を介さない機械間の通信）等の通信機能を有するサービスについても一定の範囲では対象となる予定である。さらに，対象となる「電子通信データ」は，「電子通信コンテンツ」と「電子通信メタデータ」の双方を含む概念となっている（規則案4条3項）。なお，規則案の対象となるデータは，必

ずしも個人データに限られるものではない点にも留意が必要である。

また，日本の個人情報保護法では，Cookie は単独では特定の個人を識別できず，原則として「個人情報」に該当しないため，Cookie の取得に同意は必要とされていないが，現行指令および規則案のいずれも，Cookie の取得には原則として同意が必要とされている。ただし，規則案では，同意が不要な例外の範囲をより明確にしている（規則案 8 条）。

さらに，ダイレクトマーケティングについては，現行指令ではオプトインを原則としているが，規則案でもその原則が踏襲されている。ただし，規制の対象となる「ダイレクトマーケティングコミュニケーション」の定義（規則案 4 条(3)項(f)）は拡大され，現行指令では対象外であった SNS なども対象となっている。

なお，規則案の「同意」は，自然人については GDPR の「同意」の定義がそのまま適用され，法人については当該定義が準用される。そのため，GDPR の同意と同様に「同意ガイドライン」（Guidelines on consent under Regulation 2016/679（WP259rev.01））の要件を充足する必要がある。たとえば，Cookie の取得にあたっては，黙示の同意が認められる場合は非常に限定的となるため，原則としてオプトイン同意が必要となり，さらに，同意の細分性の原則により，個別目的ごとの同意が必要になっている。したがって，すべての Cookie について包括的な同意を得ることはできず，個別の Cookie ごとに同意または不同意が選択できるようにする必要があり，同意が得られない限り，Cookie の取得を開始することはできないのが原則となる。

4 その他の各国のプライバシー法制

欧州の GDPR 以外でも，各国においてデータ保護の法制度が存在している。以下では，日本企業のビジネスとも関係が深いアメリカと中国にお

けるプライバシー法制の近時の動向をピックアップして紹介する。

（1） アメリカの動向

アメリカにおいては，現在，包括的な連邦データ保護法は存在しない。ただし，分野別に個別の連邦法は存在する。たとえば，銀行等の金融機関に適用される連邦法である Gramm-Leach-Bliley Act（GLBA）：15 U.S.C. 6801-6809 中に，個人データの処理に関する規定，13歳未満の児童の個人データに関する連邦法である Children's Online Privacy Protection Act of 1998（COPPA）などがこれに当たる。また，連邦法である Federal Trade Commission Act（FTC法）5条(a)は[20]，商取引における「不公正又は欺瞞的な行為又は慣行」を禁止しており，個人情報に関する「不公正又は欺瞞的な行為又は慣行」については，同法に基づき FTC が排除措置命令等の執行を行っている。

一方，州法レベルでは，プライバシー法が存在している。ただし，従前は，各州でもさまざまな包括的ではない個別法が存在しているだけで，その内容も不統一なものであった。

こうした状況の中，2018年6月に，カリフォルニア州において，包括的なデータ保護法である「カリフォルニア州消費者プライバシー法」（CCPA：California Consumer Privacy Act）が制定され，2020年に施行予定である。それ以降，ニューヨーク州やワシントン州など各州でも包括的なデータ保護法の制定の動きが活発化してきている。

従前のオバマ政権下でも，Consumer Privacy Bill of Rights Act 2015の提出など，連邦統一法を目指す動きはあったが成立に至らなかった。しかし，上述のような各州における包括的なデータ保護法の制定の動きに加え

20　FTC法5条(a)「商取引における又は商取引に影響を及ぼす不公正な競争方法及び商取引における又は商取引に影響を及ぼす不公正若しくは欺瞞的な行為又は慣行（UDAP: unfair or deceptive acts or practices）は，本法により違法と宣言する」

て，近時の Facebook の情報流出問題などを契機として，国民のプライバシーに関する企業側の危機意識も高まってきており，さらに，データ保護法が各州で異なるのは煩雑であり，かつ，それぞれを遵守することへの企業側の負担も大きいため，統一的な連邦データ保護法の制定を望む機運が高まってきている。

　もっとも，現在のトランプ政権下ではメキシコ国境の壁やいわゆるロシアゲートなどのさまざまな問題が山積しており，また，各論の議論も進んでいるわけではないので，連邦統一法がはたして制定されるのか，制定されるとして，いつ，どのような内容となるのか，今後の動向を注視する必要がある。

（2）　中国の動向

　中国では，ネットワークの安全管理に関する基本法である「ネットワーク安全法」（以下「ネットワーク安全法」という）が，2017年6月1日から施行されている。

　ネットワーク安全法は，中国国内における「ネットワーク運営者」と「重要インフラ運営者」に適用される。同法は，「ネットワーク運営者」を「ネットワークの所有者，管理者及びネットワークサービスの提供者」と定義している（同法76条3号）。そのため，インターネットプロバイダーのようなインターネットサービス会社，EC サイトの運営会社等に限らず，中国国内でウェブサイトを通じて販売や顧客向けサービスを提供している会社や社内イントラ等でネットワークを事業活動上利用しているに過ぎない会社等（すなわち，ほとんどの企業）についても広く該当し得る。

　ネットワーク安全法の主な義務としては，①セキュリティ体制整備義務，②個人情報の保護，③個人情報[21]・重要データ[22]の国内保存義務・国外移転規制（同法37条）が挙げられる。このうち，実務への影響が最も懸念されるのは，③の国内保存義務・国外移転規制である。同法上は，③が適用

されるのは，「重要情報インフラ運営者」のみである。しかし，その後，2017年4月に公表された「個人情報及び重要データの国外移転安全評価規則」の意見募集稿では，「ネットワーク運営者」に拡大された。また，2019年6月13日に公表された「個人情報国外移転安全評価規則」の意見募集稿でも，やはり「ネットワーク運営者」全般が個人情報の国外移転時の安全評価等の義務の主体とされている。同法に違反した場合には，是正命令や過料などの罰則を受ける場合があり，③の違反の場合には，関連業務の一時停止，営業停止，ウェブサイトの閉鎖命令，関連業務許可証または営業許可証の没収等の処分を受ける場合もある（同法66条）。

　ネットワーク安全法は，サイバーセキュリティに関する基本法の位置づけであり，同法に規定される一部のルールについては，下位規則やガイドラインによって具体化され，実務指針が示されることが予定されている。そして，2018年以降は，関連する下位規則・ガイドラインの整備が加速し，2019年に入ってから，重要な規則・ガイドラインの正式版や意見募集稿の公表が相次いでいる。実務的な対応を検討する上では，これらの下位規則・ガイドラインの内容が重要であるため，今後の動向を注視する必要がある。

21　「電子的方式又はその他の方式により記録した，単独で又はその他の情報と結びついて自然人個人の身分を識別し得る各種情報」をいい，自然人の氏名，生年月日，身分証明書番号，個人の生体認証情報，住所，電話番号等を含む（ネットワーク安全法76条5号）。なお，個人情報の範囲は幅広く，個人のネットワーク接続記録（ウェブサイト閲覧記録・ソフトウェア使用記録等を含む），常用装置情報（ハードウェアのシリアル番号，装置のMACアドレス，装置識別コード等を含む）等についても個人情報に含まれる（「個人情報安全規範」別紙A）。

22　「国の安全，経済発展，及び社会公共の利益と密接に関わるデータをいい，具体的な範囲は国の関連標準及び重要データ識別ガイドラインを参照する」（「個人情報及び重要データの国外・移転安全評価規則」草案17条4号）。

5　パーソナルデータの活用に向けた最新の動き

（1）　情報銀行

　「情報銀行」とは，個人の同意の範囲内で，個人データを一元的に収集・管理・提供する仕組み（プラットフォーム）をいう。

　総務省は，「情報銀行」を「個人とのデータ活用に関する契約等に基づき，PDS等のシステムを活用して個人のデータを管理するとともに，個人の指示または予め指定した条件に基づき個人に代わり妥当性を判断の上，データを第三者（他の事業者）に提供する事業」と定義している[23]。

　「情報銀行」は，**図表７−６**のイメージのとおり，個人から預かった個人データを，あらかじめ個人が指定した条件に基づいて事業者へ提供し，それを受け取った事業者がそれを活用して個人のニーズに合ったサービスを提供するなどして，その便益を個人に還元しようとするものである。

　総務省は，すでに2018年10月19日に情報銀行の事業者認定に関する説明会を実施しており，多くの事業者が算入を表明している。そして，2019年6月21日に三井住友信託銀行とフェリカポケットマーケティングの2社が初の認定を受けている。

　「情報銀行」は，提供された個人データの活用によって収益機会が増えるとして期待する声がある一方で，個人データの漏洩やプライバシー侵害などの脅威が拡大しかねないと不安に感じる消費者も多い。そのため，個

23　総務省「情報信託機能の認定に係る指針ver1.0」（2018年6月）。なお，政府における「情報銀行」に関する議論は，2016年6月2日に閣議決定された「日本再興戦略2016—第4次産業革命に向けて」において，ある事業者が収集し管理している行動履歴や購入履歴等の個人情報を，別の事業者が活用できる将来像について提言されたことに端を発する。その後，内閣官房高度情報通信ネットワーク社会推進戦略本部に立ち上げられた「データ流通環境整備検討会」や「情報信託機能の認定スキームの在り方に関する検討会」などの議論を経て，2018年6月に上記の「情報信託機能の認定に係る指針ver1.0」が取りまとめられた。

図表7-6 情報銀行イメージ

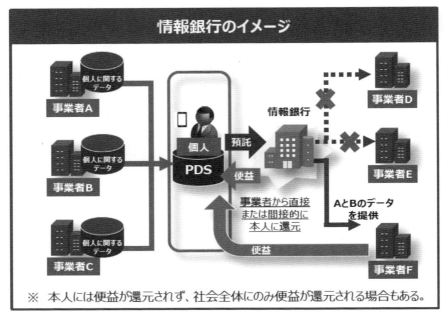

出所：内閣官房IT総合戦略室「AI, IoT時代におけるデータ活用ワーキンググループ 中間とりまとめの概要」

人データの利用の安全性や透明性の確保が重要であり、セキュリティ対策や事業者によるデータの利用履歴を確認できる仕組みなどが求められる。

(2) 信用スコア

「信用スコア」とは、パーソナルデータを使用して個人の信用を数値化する仕組みをいう。信用スコアは、中国において広く発達・普及しており、中国のアリババグループの金融関連会社の「芝麻信用（ジーマしんよう）」やチャットアプリのWeChatを提供するテンセント社の「騰訊信用（テンセント信用）」などが有名である。

たとえば、「芝麻信用（ジーマしんよう）」では、個人の信用力を350点～950点で数値化しており、そのスコアを決める要素となるのは、①「身份

特质」(年齢, 学歴・職業等のステータス), ②「履約能力」(支払履行能力),
③「信用歴史」(クレジットカードの返済履歴等の信用履歴), ④「人脈関係」
(人脈・交流関係), ⑤「行為偏好」(行動・趣味嗜好) などの5項目である。
このスコアが高ければ高いほど信用力が高く, ホテルやレンタカーなどの
レンタル品で保証金が不要になったり, ローン金利が優遇されたり, 行政
サービスで優遇されたり, 官民のさまざまなサービスで恩恵を享受するこ
とができる。

わが国でも, たとえば, ヤフー株式会社が2018年10月10日に同社の保有
するビッグデータを利用してユーザの情報を数値化して活用するスコア事
業に算入することを表明し[24], 注目を集めている。

同社のプレスリリースによれば, 同社の保有するビッグデータを基に独
自のスコアを開発し, 当該スコアを活用することでYahoo! JAPAN IDユー
ザーに対する特典プログラムの実施やパートナー企業のサービス利便性向
上や課題解決などを図る実証実験を開始するとのことである。

図表7-7 「Yahoo! スコア」のイメージ

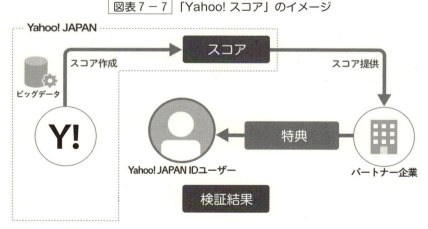

出所:ヤフー株式会社プレスリリース

---

[24] https://about.yahoo.co.jp/pr/release/2018/10/10a/

また，プレスリリースによれば，たとえば，シェアリングサービス領域においては，スコアを活用し申込み時の手続きの簡略化や保証金の免除をはじめ，安心してモノの売買や貸し借りができる環境の構築が期待でき，また，予約領域では，スコアに応じて先行的に予約できる特典の付与などが考えられるとのことである。

この実証実験には，2018年10月10日時点において，オフィス用品の通販大手のアスクル株式会社，ホテル・旅館などの予約サービスを提供する株式会社一休，シェアサイクルサービスを手掛ける OpenStreet 株式会社，約260社が加盟する一般社団法人シェアリングエコノミー協会など，合計13の企業・団体が参画している。

わが国において信用スコアのような仕組みがどこまで普及するか，今後の動向が注目される。

（3）「規制のサンドボックス」制度の活用事例

2019年3月6日には，「新技術等実証制度」（規制のサンドボックス制度）[25]の個人情報保護委員会の第1号案件（経済産業省としては第2号案件）として，株式会社カウリス（以下「カウリス」という）および関西電力株式会社（以下「関西電力」という）が行う，なりすましによる不正な口座開設の防止に関する実証計画が認定された[26]。

同実証計画は，株式会社セブン銀行がインターネット上で受け付けた口座開設の申請につき，カウリスが提供する既存の不正検知サービスにおい

25　「新技術等実証制度」（規制のサンドボックス制度）は，参加者や期間を限定すること等により，既存の規制の適用を受けることなく，新しい技術等の実証を行うことができる環境を整えることで，迅速な実証を可能とするとともに，実証で得られた情報・資料を活用できるようにして，規制改革を推進する制度である。生産性向上特別措置法（2018年6月6日施行）に基づき，新しい技術やビジネスモデルを用いた事業活動を促進するために創設された。

26　公表文：https://www.ppc.go.jp/files/pdf/kouhyoubun.pdf
　　概要：https://www.ppc.go.jp/files/pdf/190306_gaiyou.pdf

て，関西電力の保有する電力設備情報の一部を活用することによって，顧客が提示する申請内容が適正であるかどうかを判定するというものである。本実証は，具体的には，以下の流れで行われる[27]。

① カウリスは，セブン銀行から，非対面顧客が口座開設申請に際して提示した申請者情報の一部を受け取る。

② カウリスは，取得した申請者情報の一部を関西電力に送信する。

③ 関西電力は，電力設備情報のうち本実証に必要な情報（以下「Eデータ」という）とカウリスから受信した情報を照合し，その結果をカウリスに返信する。

④ カウリスは，関西電力から受け取ったEデータとの照合結果を踏まえ，なりすましの可能性に関するリスク情報として，セブン銀行に提供する。

　これによって，金融インフラが犯罪等に用いられることを防止するという社会課題に対応するとともに，公的サービスにおけるデータとIT企業の技術が連携する新たなビジネスモデルを構築することを目標としている。

　個人情報保護法との関係では，本実証において，関西電力がカリウスに「Eデータとの照合結果」を提供することが個人データの第三者提供を規制する同法23条に抵触しないかが問題となる。この点について，個人情報保護委員会は，「Eデータとの照合結果」は，不正な口座の開設および当該口座の不正利用を未然に防ぐという公益的な目的のために利用するものであるとし，犯罪による収益の移転防止に関する法律では，4条で取引時確認の義務を事業者に対し課しているところ，本件では，関西電力からカウリスへの照合結果の返信は，セブン銀行から委託を受けたカウリスが，同確認事務の一環として行うものであるため，同法23条1項1号の「法令

27　前掲注26・概要参照

に基づく場合」に該当し，同法23条の規制に抵触しないとしている。

なお，上記の「規制のサンドボックス」制度その他新規事業の参入を促す制度の詳細については，「第8章　新規事業の参入を促す制度」を参照されたい。

6 パーソナルデータの活用と消費者への配慮

事業者がパーソナルデータを活用するにあたっては，上述のような個人情報保護法等の法律に基づくルールを遵守する必要があるのは当然であるが，これらのルールを遵守することに加えて，消費者の不安感・抵抗感に配慮することも重要である。以下，社会的な耳目を集めた2つの事例を紹介する。

（1）Suicaの事例

ビッグデータ（パーソナルデータ）の活用に伴うプライバシーの保護や消費者意識に対する配慮の問題を一躍クローズアップしたのは，「Suica」のデータ販売の事例である。

JR東日本が「Suica」を利用した旅客の乗降履歴データを個人を特定できないように加工したSuica分析用データ（氏名，電話番号，物販情報等の情報を削除し，生年月日を生年月に変換した上，さらに，SuicaID番号を不可逆の別異の番号に変換したデータ）を外部の第三者に販売し，2013年6月27日に，購入先の第三者がこのデータを利用したサービスの開始を公表したところ，利用者やマスコミからJR東日本に対して，「データ提供は許されるのか？」，「本当に個人が特定されないのか？」，「周知不足ではなかったか？」などの問い合わせが相次ぐ事態となった。

その結果，JR東日本は，有識者会議を開いて妥当性を検証することとし，2014年3月20日，同会議の中間とりまとめ[28]を公表するとともに，最終的

に Suica 分析用データの社外への提供を見合わせることとした。

　中間とりまとめは，Suica データからの個人の特定の可否については，「個人情報の定義における特定個人の識別性の論点については，専門家の間でも解釈に幅がある」とし，一定のレベルの匿名化処理がなされていることや提供先との契約内容などから「直ちに個人のプライバシーが侵害されるおそれはないと判断されるものの」ものの，「今後，技術の進展に伴い，特定の個人が識別され新たな問題が生じる可能性も考えられる」としている。また，Suica 分析用データの提供については，「事前に十分な説明や周知を行わなかった」，データ提供を望まない利用者への対応等について「配慮が不足していた」とし，「利用者に不安を与えた事実を重く受け止める必要がある」としている。

（2）　Tポイントの事例

　上記の「Suica」の事例は，特定の個人の識別の可否（個人情報の該当性）について個人情報保護法上の疑義がないわけではなかったが，個人情報保護法上は全く問題ではないにもかかわらず，一部の報道によって騒がれた事例もある。「Tポイント」の事例である。

　2019年1月下旬に，「Tポイント」事業を管理運営するカルチュア・コンビニエンス・クラブ株式会社が，裁判官の発付する令状ではなく，警察からの捜査関係事項照会に応じて，会員の個人情報（購入履歴等）を警察に提供していたことについて，これを問題視する報道が相次いでなされた[29]。このような捜査関係事項照会に基づく警察への個人情報の提供は，「Tポイント」に限らず，他のポイントカード事業者でも普通に行われていたことであった。

28　「Suica に関するデータの社外への提供について　中間とりまとめ」（Suica に関するデータの社外への提供についての有識者会議，2014年2月）
　　https://www.jreast.co.jp/chukantorimatome/20140320.pdf
29　2019年1月22日「朝日新聞」（朝刊）等

個人情報保護法23条1項は，個人データの第三者提供について，あらかじめ本人の同意を得ることを原則としているが，その例外として，「法令に基づく場合」（同項1号）には，本人の同意なく，個人情報を第三者に提供することができる旨を定めている。

　そして，刑事訴訟法197条2項は，「捜査については，公務所又は公私の団体に照会して必要な事項の報告を求めることができる」と定めており，同項に基づく捜査関係事項照会に応じて，警察に個人情報を提供することは，上記の「法令に基づく場合」に基づくものとして適法である。このことは，個人情報保護委員会の公表しているガイドラインにも明記されている[30]。

　他方，通信の秘密については，電気通信事業法4条において，「電気通信事業者の取扱中に係る通信の秘密は，侵してはならない」と定められており，例外規定もないため，上述のとおり，裁判官の発付した令状がある場合，正当業務行為等の違法性阻却事由がある場合に限って開示することができると解されている。そのため，通信の秘密については，捜査関係事項照会ではなく，裁判官の発付する令状に応じて開示するという運用がなされている。しかし，かかる運用は，通信の秘密に関するものであって，個人情報一般に適用されるわけではない。

　したがって，ポイントカード事業者が捜査関係事項照会に応じて，通信の秘密に当たらない個人情報を警察に開示することは，適法である。それにもかかわらず，上述のとおり，一部の報道で問題視される結果となった。

（3）　事業者に求められる対応

　上述の2つの事例で浮き彫りになったのは，個人情報保護法に抵触するか否かにかかわらず，消費者にはパーソナルデータの利用やそれに伴うプ

30　個人情報保護委員会「個人情報の保護に関する法律についてのガイドライン（通則編）」（2019年1月一部改正）29頁

ライバシー侵害のおそれへの根強い不安感や抵抗感があるということである。

　事業者が消費者のビッグデータ（特にパーソナルデータ）を円滑に活用するためには，個人情報保護法という法律上のルールを守るということはもちろん，消費者の不安感や抵抗感を払拭すべく，消費者に対し，どのようなデータをどのような方法で取得し，どのような目的で利用し，どのような場合に第三者に提供されるのかなどについて，より丁寧な情報提供や説明を行うよう心掛ける必要がある。また，消費者がパーソナルデータの利用を望まない場合には，消費者において，それを中止できるような措置を講じることが望ましい。実際に，Cookie やアクセスログには個人情報が含まれないことを説明した上で，それを広告サービスに利用することや，当該利用を停止したい場合の手順等を説明したプライバシーポリシーなどを公表している例が増えてきている。

7　おわりに

　AI，IoT サービスの普及・発展に伴ってビッグデータの活用の重要性は，今後ますます高まっていくことが予想される。一方で，ビッグデータ（特にパーソナルデータ）の活用は，データの漏洩その他のプライバシー侵害のリスクをはらんでいる。そのため，わが国のみならず，国際的にデータの保護・取扱いに関する規制・ルールが整備・強化されてきている。そして，サービスのグローバル化が進む中でデータが国境を越えて収集・提供される機会も増えていることから，企業としても，わが国の法令に基づく規制・ルールだけでなく，GDPR をはじめとする各国の法令に基づく規制・ルールを理解し，遵守することが重要となる。また，企業としては，消費者のパーソナルデータの活用への根強い不安感・抵抗感に配慮し，単に法令を遵守するだけでなく，その不安感・抵抗感を払拭するための努力

も必要となる。企業がパーソナルデータを安心して活用するためには，何ができて，何ができないのか，何をどこまでやればよいのか，といった予見可能性が確保されていることが重要であるため，ガイドライン等の一層の充実が望まれる。

第8章

新規事業の参入を促す制度

本章では，①グレーゾーン解消制度，②新事業特例制度，③新技術等実証制度（プロジェクト型「規制のサンドボックス」制度）という3つの新規事業の参入を促すための制度について解説する。

1 はじめに

近年，AI，IoT やビッグデータなど，情報・通信（ICT）の分野における急速な技術革新によって新たな技術やビジネスモデルが世界中で次々と生み出されている。国際的な競争優位を確保しつつ持続的な経済成長を図っていくためには，こうした技術やビジネスモデルを活用した事業への企業の新規参入を促し，その実用化を早期に実現し，革新的な商品・サービスを創出していくことが必要となる。

わが国では，新規事業への参入を促すための制度として，従来より，産業競争強化法（2014年1月20日施行）において，①グレーゾーン解消制度，②企業実証特例制度という2つの制度が設けられていたが，これらの制度に加えて，新しい技術やビジネスモデルについて，既存の規制にとらわれることなく迅速な実証やデータ収集を行うことができる環境を整備するため，新たに，生産性向上特別措置法（2018年6月6日施行）において，③

新技術等実証制度（いわゆる「規制のサンドボックス制度」）が創設された。

以下，本章では，上記の①グレーゾーン解消制度，②新事業特例制度，③新技術等実証制度について解説する。

2　グレーゾーン解消制度

(1)　グレーゾーン解消制度とは

グレーゾーン解消制度とは，事業者が，現行の規制の適用範囲が不明確な分野においても，安心して新事業活動を行い得るよう，具体的な事業計画に則して，あらかじめ，規制の適用の有無を確認できる制度である。

企業があるビジネスに新規に参入しようとした場合において，当該ビジネスに適用されるのか否かが明確ではない法規制がある場合（グレーゾーンがある場合）には，当該ビジネスへの参入に躊躇し，新規ビジネスの創出が妨げられることになる。

そこで，産業競争力強化法において，当該法規制の適用の有無に関して，事業所管官庁の大臣を通じて，規制所管省庁の大臣へ照会を行い，当該規制所管省庁の見解を確認することができる制度（グレーゾーン解消制度）が設けられた（同法7条）。これによって，企業は，法規制が適用されないということであれば，安心してビジネスを展開することができるし，法規制が適用されるということであれば，それを前提として，早期にビジネスを変更することができる。

なお，類似の制度として，従前からノーアクションレター制度があるが，グレーゾーン解消制度には，ノーアクションレター制度とは異なる特徴がある。すなわち，ノーアクションレター制度の場合には，規制所管省庁の指定した法令に限定されるが，グレーゾーン解消制度の場合には，対象となる法令に制限がないという特徴がある。また，ノーアクションレター制

度の場合には，事業者が直接規制所管省庁に確認する必要があるが，グレーゾーン解消制度の場合には，事業所管官庁がサポート役となり，規制所管大臣との協議を行うという特徴もある。

（2） グレーゾーン解消制度の流れ

グレーゾーン解消制度の流れは，概略，以下の**図表8－1**のとおりである。

図表8－1 グレーゾーン解消制度の流れ

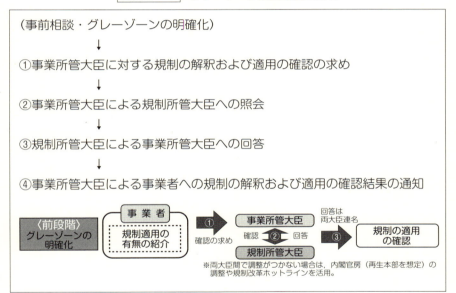

出所：経済産業省「産業競争力強化法に基づく企業単位の規制改革制度について」4頁をもとに作成。

上記の①〜④は，原則として1カ月以内に行われ，1カ月以内に回答ができない場合には，1カ月ごとにその理由を申請者に通知されることになる。そのため，申請者となった企業は，早期に規制の適用の有無を確認することができる。

また，仮に，確認の結果，規制対象であることが明らかになった場合でも，事業所管大臣は，事業者の意向を踏まえつつ，①後述の「新事業特例制度」を活用し，規制の特例措置を提案する，あるいは，②規制に抵触しない形に事業計画を変更することを含め，きめ細かい指導・助言を行うこととされている。

規制所管大臣の回答は，事業所所管大臣から事業者に両大臣連名で通知されるが，仮に事業所間大臣と規制所管大臣との間で回答の調整がつかない場合は，内閣官房（日本経済再生本部を想定）の調整または規制改革ホットラインを活用して見解の調整が図られる。

（3） 必要書類等

前記**図表8－1**の①の確認を求める照会書の記載事項は，以下のとおりである[1]。

1．新事業活動およびこれに関連する事業活動の目標
（1）事業目標の要約，（2）生産性の向上または新たな需要の獲得の見込み
2．新事業活動およびこれに関連する事業活動の内容
（1）事業概要，（2）事業実施主体，（3）新事業計画を実施する場所，（4）その他
3．新事業活動およびこれに関連する事業活動の実施時期
4．解釈および適用の有無の確認を求める法令等の条項
5．具体的な確認事項
6．その他

なお，必要書類の様式は，経済産業省のウェブサイトからダウンロード

1　経済産業省「『企業実証特例制度』及び『グレーゾーン解消制度』の利用の手引き」（2014年1月20日）20頁

第 8 章　新規事業の参入を促す制度　　**173**

することができる[2]。

（4）　活用事例

　グレーゾーン解消制度の活用事例としては，たとえば，以下のようなものがある。

　なお，グレーゾーン解消制度の活用実績は，経済産業省のウェブサイトで確認することが可能である（ただし，経済産業省が事業所管省庁となる案件に限る）。2019年3月25日時点で131件が公表されている[3]。

緊急時における自動走行機能を備えた自動車の公道走行

　自動車の製造を行う企業から，事業所管省庁である経済産業省を通じて，規制所管省庁である国土交通省に対して，道路運送車両法（道路運送車両法の保安基準）に関する照会が行われた事例である。

　照会内容は，運転者が，走行中に，突然の病気の発作により，運転の継続が困難となった場合，自動走行機能によって，道路の路肩等に安全に停止することを可能とする緊急路肩停止システム（いわゆるデッドマン装置）について，現行法令に基づく保安基準への適合する必要性等があるかというものであった。

　照会の結果，緊急路肩停止システムは，「道路運送車両の保安基準」に規定する加速装置や制動装置等に該当すること，装置の配置に関する定義規定等に適合すること等が確認された。

2　https://www.meti.go.jp/policy/jigyou_saisei/kyousouryoku_kyouka/shinjigyo-kaitakuseidosuishin/detail.html
3　https://www.meti.go.jp/policy/jigyou_saisei/kyousouryoku_kyouka/shinjigyo-kaitakuseidosuishin/result/gray_zone.html
　なお，各案件の照会書は，照会者の同意が得られたものだけが公開されており，同意がないものについては，概要のみが掲載されている。

血液の簡易検査とその結果に基づく健康関連情報の提供

簡易血液検査サービスを行う中小企業から，事業所管省庁である経済産業省を通じて，規制所管省庁である厚生労働省に対して，医師法等に関する照会が行われた事例である。

照会内容は，利用者が自ら採血した血液について，簡易な検査を行い，利用者に対し，検査結果を通知する場合，利用者が自己採血することや，事業者が血液検査の結果を通知すること等が，それぞれ，医師のみに認められている「医業」に該当するか否か等である。

照会の結果，利用者が自己採血することは，「医業」に該当しないことが確認された。また，事業者が，検査結果の事実を通知することに加え，より詳しい検診を受けるよう勧めること等も，「医業」に該当しないこと等が確認された。

（5） 留意事項

グレーゾーン解消制度は，照会した法令に基づく規制の適用があるかを判断するものであり，照会した法令以外の法令に基づく規制についてもその適用の有無を判断するものではない。

そのため，グレーゾーン解消制度を利用して，照会した法令に基づく規制の適用がない旨の判断がなされたとしても，新事業がすべての法令に基づく規制に抵触せず，「合法」であることが担保されるわけではないので，その点には留意が必要である。

3 新事業特例制度

（1） 新事業特例制度とは

新事業特例制度は，新事業活動を行おうとする事業者が，その支障とな

る規制の特例措置を提案し，安全性等の確保を条件として，「企業単位」で，具体的な事業計画に即して，規制の特例措置の適用を認める制度である。

　企業があるビジネスに新規に参入しようとした場合において，それに支障となるような法規制が存在するのであれば，当該ビジネスに参入することはできない。しかし，そのような規制を受ける場合であっても，安全性の確保がきちんと確保できるのであれば，産業政策上，ビジネスを進めることを認めても差し支えがない（むしろ望ましい）場合もある。そこで，産業競争力強化法において，企業実証特例制度という制度を設けて，企業が安全性の確保を行うことを条件として，企業単位で規制の特例措置の適用を受けることができる制度（新事業特例制度）が設けられた（同法6条，9条）。

（2）　新事業特例制度の流れ

　新事業特例制度の流れは，概略，以下の**図表8－2**記載のとおりである。

図表8－2　新事業特例制度の申請の流れ

第1段階（規制の特例措置の求め）

　（事前相談）

　　↓

①事業所管大臣に対する規制の特例措置の創設の要望

　　↓

②省庁間の調整・検討

　　↓

③事業所管大臣による事業者への検討結果の通知

第2段階（新事業活動計画の認定）

　（事前相談）

　　↓

↓
①事業所管大臣に対する新事業活動計画の認定申請
↓
②事業所管大臣による規制所管大臣に対する新事業活動計画についての同意の求め及び規制所管大臣による同意
↓
③事業所管大臣による新事業活動計画の認定・認定書の交付
↓
(新事業活動の実施)
↓
(事業の報告)

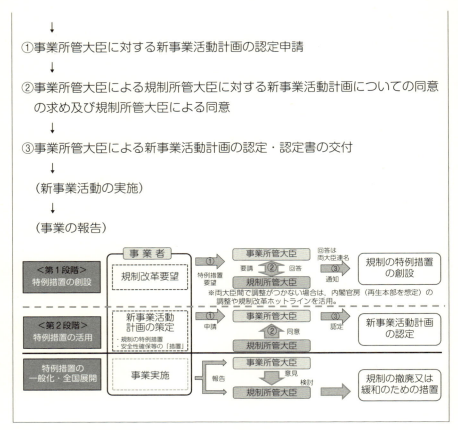

出所:経済産業省「産業競争力強化法に基づく企業単位の規制改革制度について」5頁をもとに作成。

　企業実証特例制度は，大別して，規制の特例措置を求める第1段階と新事業活動計画の認定を申請する第2段階の2つの段階に分かれている。
　まず，第1段階は，事業者が事業所管大臣に対し，新事業活動を実施するために，規制の特例措置の創設を求める要望書を提出することで開始する。第1段階の①〜③までは，原則として1カ月以内に行われ，1カ月以内に結果を通知できない場合には，1カ月ごとにその理由を申請者に通知されることになる。そのため，申請者となった企業は，早期に特例措置の

第8章　新規事業の参入を促す制度　177

創設の有無を確認することができる。

　規制所管大臣の検討結果は，事業所管大臣から事業者に両大臣連名で通知されるが，仮に事業所管大臣と規制所管大臣との間で調整がつかない場合は，内閣官房（日本経済再生本部を想定）の調整または規制改革ホットラインを活用して調整が図られる。

　次に，第2段階は，新規事業を実施しようとする事業者が事業所管省庁に対し，「新事業活動計画」を提出し，その認定を申請することで開始する。その後，まず事業所管省庁において検討を行い，適切と認められる場合には，規制所管省庁に対し，当該計画の認定の同意を求め，規制所管省庁において，規制が求める安全性等の観点から検討し，適切であると認められる場合には，当該計画の認定に同意し，事業所管省庁から認定書が交付される。

　なお，規制の特例措置の求めを行っていない事業者であっても，「新事業活動計画」の認定を受ければ，他の事業者の提案により創設された規制の特例措置を活用することが可能である。これによって，ある事業者が規制の措置を創設した場合には，他の事業者もその恩恵を受けることができる。

（3）　必要書類等

　前記図表8－2の第2段階①新事業活動計画の認定申請にあたっては，以下の書類の提出が必要となる[4]。

---

①「新事業活動計画」の認定申請書（様式第7）2通（正本・写し各1通）
②　申請者が法人である場合にあっては，その定款の写しまたはこれに準ずるものおよび当該法人が登記をされている場合にあっては，当該登記に係る登記事項証明書

4　前掲注1・10頁

③　申請者が法人である場合にあっては，当該申請者の直近の事業報告の写し，売上台帳の写し，貸借対照表および損益計算書（これらの書類を作成していない場合には，これらに準ずるもの）

申請者が個人である場合にあっては，住民票の謄本もしくは抄本またはこれに準ずるものならびに資産，負債，所得その他についての状況を明らかにすることができる書類

④　申請者が13条の規定による独立行政法人中小企業基盤整備機構の行う債務の保証を受けて新事業活動の実施に必要な資金を調達しようとする場合においては，当該「新事業活動計画」の実施に必要な資金の使途および調達方法についての内訳を記載した書類

⑤　事業所管大臣が求める必要な書類

上記①の申請書の作成にあたっては，以下の必要事項を記載する必要がある[5]。

1．新事業活動の目標
（1）事業目標の要約，（2）生産性の向上または新たな需要の獲得の見込み
2．新事業活動の内容
（1）事業概要，（2）事業実施主体，（3）新事業活動を実施する場所
3．新事業活動の実施時期
4．新事業活動の実施に必要な資金の額およびその調達方法
（1）必要な資金の額，（2）必要な人員体制とその見通し
5．規制の特例措置の適用を受けて新事業活動を実施する場合には，当該規制の特例措置の内容
（1）規制の特例措置の具体的内容，
（2）規制の特例措置を活用するにあたって実施する安全性等を確保する措置の内容
6．その他

5　前掲注1・10頁

第8章　新規事業の参入を促す制度　**179**

なお，必要書類の様式は，経済産業省のウェブサイトからダウンロードすることができる[6]。

（4）　活用事例

新事業特例制度の活用事例としては，たとえば，以下のようなものがある。

なお，新事業特例制度の活用実績は，経済産業省のウェブサイトで確認することが可能である（ただし，経済産業省が事業所管省庁となる案件に限られる）。2019年3月25日時点で産業競争力強化法6条に基づく申請案件は11件，同法9条に基づく新事業活動計画の認定案件は22件が公表されている[7]。

半導体製造に用いるガス容器の先進的検査手法の導入

事業者（株式会社東芝，カンサン株式会社，エーテック株式会社および日本フィジカルアコースティクス株式会社）から，事業所管省庁である経済産業省に対し，2014年1月27日付けで，半導体製造に用いる高純度ガス容器の再検査について，超音波検査等を導入するための特例措置を設けることの要望が提出された。これを受けて，事業所管かつ規制所管である経済産業省において検討の結果，同年4月24日付けで，現行法令（高圧ガス保安法（容器保安規則））では認められていない超音波検査等の検査手法の導入を可能とする新たな規制の特例措置が創設された（第1段階）。

その後，上記事業者から，経済産業省に対し，高純度ガス容器の再検査において，超音波検査等の新たな手法を活用する「新事業活動計画」の申請がなされた。審査の結果，申請された新事業活動計画では，①新たな検

6　前掲注2のURL参照
7　https://www.meti.go.jp/policy/jigyou_saisei/kyousouryoku_kyouka/shinjigyo-kaitakuseidosuishin/result/shinjigyou.html

査手法により再検査に要するコスト・期間を大幅に削減し，従来より大型のガス容器の導入等を通じて，生産性を向上させた新事業展開が可能となること，②当該検査が適切な検査方法によるものであることや，検査員が当該検査の方法に関する専門的知識を有することなど，特例措置に定められた要件を満たすこと，③高圧ガスを消費する事業者だけでなく，検査等で優れた技術を有する複数の事業者が連携することにより，事業の実現可能性が高いこと，④先進的な検査手法の導入による，保安性能の向上を通じて，雇用者や周辺住民の安心・安全の確保に資することが，それぞれ認められたため，経済産業省は，同年5月23日付けで，新事業活動計画の認定を行った（第2段階）。

アシスト力の大きいリヤカー付電動アシスト自転車を活用した配送事業

　事業者（ヤマト運輸株式会社，ヤマハ発動機株式会社）から，事業所管省庁である経済産業省に対し，2014年1月27日付けで，現行法令（道路交通法施行規則）によるアシスト力の上限の2倍を超えるアシスト力を有するリヤカー付電動アシスト自転車について，物流用途に限定して活用できるようにする新たな規制の特例措置を設けることの要望が提出された。これを受けて，事業所管省庁である経済産業省および国土交通省と規制所管省庁である国家公安委員会で検討・協議を行った結果，2014年4月24日付けで，現行法令によるアシスト力の上限の2倍よりも大きい3倍のアシスト力を有するリヤカー付電動アシスト自転車について，物流用途に限定して活用できるようにする新たな規制の特例措置が整備された（第1段階）。

　その後，上記事業者から，経済産業省に対し，アシスト力の大きいリヤカー付電動アシスト自転車を配送事業に活用する「新事業活動計画」の申請がなされた。審査の結果，申請された新事業活動計画では，主に，①新事業活動として，新たな物流手法（車両と電動アシスト自転車を組み合わせ

た宅配方法等）の開発により，都市部の密集地や起伏の大きい地形等での配送事業領域の拡大が可能となることが期待されるとともに，自転車産業の活性化，女性・高齢者の雇用促進など，産業競争力の強化に資するものと見込まれること，②事業者が規制の特例措置を活用して，新事業活動を円滑かつ確実に実施することが見込まれること，③安全性を担保するための要件として，特例措置への適合が確認された自転車であること，当該自転車を活用する運転者への交通安全教育が行われること，安全に業務を行うための管理体制が整備されていることなどが満たされていること，が認められたため，2015年7月10日付けで，新事業活動計画の認定を行った（なお，その後，何度か事業者から新事業活動計画の変更認定の申請がなされたが，いずれの変更も認定されている。）（第2段階）。

（5）留意事項

　企業実証特例制度では，国の法令が根拠となる規制について，その特例措置の創設を求めることができるが，税などの公租公課や手数料は，特例措置の創設を求めることができる「規制」には当たらないので，その点には留意が必要である。

　また，地方公共団体が条例に基づき独自の裁量で行っている規制も制度の対象外となるので，その点にも留意が必要である。ただし，国の定める法令に基づいて，地方公共団体が行う事務としての規制については，その規制の特例措置の創設を求めることはできる。

4　新技術等実証制度（いわゆる「規制のサンドボックス」制度）

（1）新技術等実証制度とは

　新技術等実証制度（プロジェクト型「規制のサンドボックス」制度）は，

参加者や期間を限定すること等により，既存の規制の適用を受けることなく，新しい技術等の実証を行うことができる環境を整えることで，迅速な実証を可能とするとともに，実証で得られた情報・資料を活用できるようにして，規制改革を推進する制度である。

「サンドボックス」（sandbox）とは，英語で砂場を意味し，この制度は，要するに，子どもが砂場で砂遊びをするように企業が規制にとらわれずに革新的技術の事業化を試行錯誤できるように，参加者および期間を限定して現行法の規制を一次的に停止しようとするものである。

わが国では，新規事業への参入を促すための制度として，従前から，上述の①グレーゾーン解消制度と②企業実証特例制度の2つの制度が設けられていた。しかし，グレーゾーン解消制度は，規制の適用の有無の不明確性（グレー）を解消するための制度であるので，規制が適用される場合には活用することができないという問題があり，また，企業実証特例制度は，規制所管省庁において，安全性等の確保ができることを条件として，規制の特例措置を認める制度であるため，その安全性等の確保ができていると証明できるだけのデータが十分に揃っていない場合には，特例措置が認められないという問題があった。

そこで，これらの制度に加えて，新しい技術やビジネスモデルについて，既存の規制にとらわれることなく迅速な実証やデータ収集を行うことができる環境を整備するため，生産性向上特別措置法において，新たに，上記のプロジェクト型「規制のサンドボックス」制度が設けられた（同法9条〜11条）。これにより，事業者は，迅速な実証および規制改革につながるデータの収集が可能となる。

なお，新技術等実証制度の対象となる「新技術等実証」とは，次の①②いずれにも該当するものである（同法2条2項）。

第8章 新規事業の参入を促す制度 **183**

生産性向上特別措置法第2条第2項
① 新技術等（革新的事業活動において用いようとする技術又は手法であって，当該革新的事業活動の属する事業分野において著しい新規性を有するとともに，当該革新的事業活動で用いられることにより，高い付加価値を創出する可能性があるものをいう。以下同じ。）の実用化の可能性について行う実証であって，その実施期間及び当該実証に参加する者（当該実証により権利利益を害されるおそれがある者があるときは，その者を含む。以下「参加者等」という。）の範囲を特定し，当該参加者等の同意を得ることその他当該実証を適切に実施するために必要となる措置を講じて行うものであること。
② 新技術等の実用化に当たって当該新技術等に関する規制について分析する場合にあっては，当該新技術等を実用化するための規制の在り方を含めた課題についての分析及びその結果の検討を行うものであること。

上記①の「著しい新規性を有する」新技術等とは，当該分野において通常用いられている技術や手法と比して新規性を有し，実用化や事業化の議論が生じている技術や手法のことであり，たとえば，AI・IoT・ビッグデータ・ブロックチェーンなどに関連した技術や手法がこれに該当する。

（2） 新技術等実証制度の流れ

新技術等実証制度の流れは，概略，以下の**図表8－3**のとおりである。

図表8－3 新技術等実証制度の流れ

---

①（一元的窓口での）事前相談
　↓
②事業者から，一元的窓口を経由して，主務大臣（事業所管大臣・規制所管大臣）への新技術等実証計画の提出
　↓

③主務大臣から革新的事業活動評価委員会への意見聴取
↓
④主務大臣による新技術等実証計画の認定又は認定しない旨の通知
↓
（新技術等実証計画の実施）
↓
⑤主務大臣に対する定期報告／終了報告

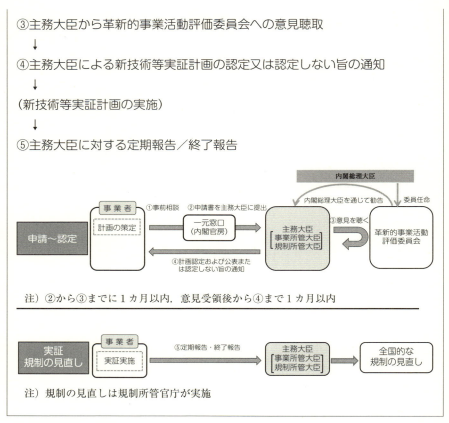

出所：「規制の壁を越えて新事業創出　プロジェクト型『規制のサンドボックス』」
（https://www.meti.go.jp/policy/jigyou_saisei/kyousouryoku_kyouka/shinjigyo-kaitakuseidosuishin/download/sandbox_overview.pdf）をもとに作成。

　上記の事前相談・申請を一元的に受け付ける窓口は，内閣官房の日本経済再生本部（Regulatory Sandbox in Japan 新技術等社会実装推進チーム（規制のサンドボックス制度　政府一元的総合窓口））[8]に設置されている。
　一元的窓口では，事業者から相談があった場合には，新技術等実証制度

8　http://www.kantei.go.jp/jp/singi/keizaisaisei/regulatorysandbox.html

のみならず，国家戦略特区，前述のグレーゾーン解消制度や新事業特例制度，あるいは規制改革推進会議の規制改革ホットライン等の活用の可能性についても確認し，他の制度を活用する方が適切な場合には適切な制度を紹介するなど，事業者の取組みを政府横断的に応援する体制を整備することとされている。

　上記の②の計画の提出日から原則1カ月以内に③の意見聴取が行われ，また，革新的事業活動評価委員会の意見が述べられた日から原則として1カ月以内に④の認定または認定しない旨の通知がなされる。

　新技術等実証制度において，新技術等実証計画の認定に重要な役割を果たすのは，革新的事業活動評価委員会である。同委員会は，主務大臣による，新技術等実証についての新たな規制の特例措置を講ずるか否かの判断や，新技術等実証計画の認定に際し，専門的かつ客観的な観点から，新技術等実証に関する経済全般への効果に関する評価等を行い，主務大臣に対して意見を述べ，主務大臣の適切な判断に資することを主な役割として，生産性向上特別措置法31条に基づき，内閣府に設置されたものである。

（3）　必要書類等

　新技術等実証計画には，以下の事項を記載する必要がある。

| 図表8－4 | 新技術等実証計画記載事項 |

○実証内容
　・新技術または手法等（例：AIを使った○○という事業）
　　　※特定の事業分野において新規性がある技術やビジネスモデルであればよい。
　・実証内容と実施方法（収集するデータの内容，収集方法およびその活用方法）等
○参加者等の範囲（サービスの利用者等）

○参加者の同意の取得方法
　・参加者に対し，実証計画の認定証を提示し実証に参加することの同意を取得する。
　　　（例：電子上で認定証を提示したうえで，同意ボタンを押させる等）
○実証の期間・場所（例：期間３カ月　場所：○県○市の～の範囲，インターネット空間上等）
○実証に関する規制法令（例：○○法の○条）
○実証に必要な規制の特例措置の内容
　・実証を行うために必要な場合には規制の特例措置を講じて実証する。
○実証を適切に実施するための措置
　　　（例：関係者以外が立ち入らないようにフェンスを設ける，補助員を配置する等）

出所：「規制の壁を越えて新事業創出　プロジェクト型『規制のサンドボックス』」（https://www.meti.go.jp/policy/jigyou_saisei/kyousouryoku_kyouka/shinjigyo-kaitakuseidosuishin/download/sandbox_overview.pdf）

（4）　活用事例

　規制のサンドボックス制度の活用事例としては，たとえば，以下のようなものがある。

　なお，規制のサンドボックス制度の活用事例については，上述の一元的総合窓口のウェブサイトで確認することが可能であり，2019年３月22日時点で４件が公表されている[9]。

IoT 社会の実現に向けた高速 PLC（電力線通信）でつながる家庭用機器に関する実証

　規制のサンドボックス制度の第１号案件（主務大臣：経済産業大臣）は，2018年12月26日に認定されたパナソニック株式会社が行う IoT 社会に向けた高速 PLC（電力線通信）でつながる家庭用機器に関する実証計画である。

---

[9]　http://www.kantei.go.jp/jp/singi/keizaisaisei/regulatorysandbox.html
　なお，上記のウェブサイトのほか，主務官庁のウェブサイトでも実績が公表されている。

本実証は，高速電力線通信装置（以下「高速 PLC 装置」という）を組み込んだ電気用品について，放送受信および電気通信の機能等に障害を及ぼす雑音を発生するおそれがないこと等を確認し，本実証の結果等を踏まえ，高速 PLC 装置を搭載した電気用品に係る技術基準解釈（通達）の改正につなげることを目標としている。

本実証の内容および実施方法は，概略，電気用品（テーブルタップ，照明器具，電子レンジ，エアコン，冷蔵庫，洗濯機）に対して高速 PLC 装置を組み込む改造を行った試作品を，事業者敷地内のモデル住宅等において使用し，通信・放送と共存ができるレベルの通信信号の漏洩であるか，当該試作品および他の電気用品が誤動作しないかを確認するというものである。

そして，本実証では，上記の確認により，当該試作品が，電気用品の技術上の基準を定める省令18条に定める「通常の使用状態において，放送受信および電気通信の機能に障害を及ぼす雑音を発生するおそれがない」ことを分析しようとしている。

なお，本実証の実施には，電気用品安全法8条（基準適合義務）が関係するが，経済産業大臣は，本実証で使用する試作品は，電気用品安全法8条1項2号の「試験的に製造」するものであり，技術上の基準への適合義務が課せられるものではないとしている。そのため，本新技術等実証を実施する場合の規制の特例措置は特に創設していない。

診断キットとビデオ通話を組み合わせたインフルエンザ罹患時のオンライン受診勧奨

規制のサンドボックス制度の第2号案件（主務大臣：厚生労働大臣）は，2018年12月26日に認定された株式会社 MICIN が行う診断キットとビデオ通話を組み合わせたインフルエンザ罹患時のオンライン受診勧奨に関する実証実験である。

本実証計画は，診断キットとビデオ通話を組み合わせたインフルエンザ

罹患時のオンライン受診勧奨による，企業等におけるインフルエンザの感染拡大の抑止を目標としている。

　本実証の内容および実施方法は，概略，以下のとおりである。

① 　企業・団体の従業員やその家族を対象に福利厚生の一環として，医師の立ち合いの下で，留意事項等を説明会で説明した上で，同意を取得し，インフルエンザの迅速診断キットを特定の薬局で配布する。

② 　参加者は自覚症状を感じた際，申請者作成のアプリに従って，医師とビデオ通話を接続し，診断キットを使用し，結果を医師が確認した上で，医師によるオンラインでの受診勧奨を受ける。なお，診断キットは自己判断には使わせない。

③ 　迅速診断キットを利用する場合は，必ずオンライン受診勧奨を受けることとし，医師から，医療機関での対面診察の受診勧奨，出勤抑制等の措置がなされる。受診行動は，アプリ上で確認される。未使用の診断キットは実証後回収する。

④ 　診断キットの結果，個人の受診行動，出勤抑制，オンライン受診勧奨時と対面受診時の検査結果の比較等について，データを取得する。

　そして，本実証では，上記①〜④により，本実証に基づく受診勧奨等の措置が十分に機能することや，本件実証の参加者が，職場での感染拡大の抑制につながる行動をすることを分析しようとしている。

　なお，本実証の実施には，医師法20条および医薬品，医療機器等の品質，有効性及び安全性の確保等に関する法律（以下「薬機法」という）37条が関係するが，厚生労働大臣は，医師法20条に関しては，「オンライン受診勧奨」として，医師がビデオ通話により診察を行い，患者からの症状の訴え，迅速診断キットの結果，問診などの心身の情報収集に基づき，インフルエンザの罹患の疑いを判断して，かかりつけ医等の適切な医療機関での対面での受診と出勤の抑制を勧奨するものであり，医師法20条に違反する

ものではないとしている。また，薬機法37条に関しては，本手続により体外診断用医薬品である迅速診断キットを薬局において受け取ることは，薬機法37条1項に違反するものではないとしている。そのため，本新技術等実証を実施する場合の規制の特例措置は特に創設していない。

| コラム |

CASE

　最近，自動車業界では，「CASE」という言葉がよく使われている。「CASE」とは，① Connected（コネクテッド化），② Autonomous（自動運転化），③ Shared（共有化），④ Electrification（電動化）の４つの言葉の頭文字をとったものであり，自動車業界における技術革新の潮流のキーワードとなっている。

　①は，ICT 端末のように自動車に通信機能を持たせるというものであり，ネットワークを介して，自動車から運転行動，位置情報，車両の状態，道路の状況などのデータを収集し，それを用いてさまざまなサービスを創出しようとしている。

　②は，文字通り自動運転の開発であり，各国の自動車メーカー等が開発，実用化に向けてしのぎを削っている。自動運転にはさまざまなレベルがあり，米国の国家道路交通安全局（NHTSA）や日本政府は，「レベル０」（自動運転化なし），「レベル１」（運転支援），「レベル２」（部分運転自動化），「レベル３」（条件付運転自動化），「レベル４」（高度運転自動化），「レベル５」（完全運転自動化）という６段階の区分を採用している。日本政府は，2019年６月７日付「官民 ITS 構想・ロードマップ2019」において，2020年に，高速道路での自動運転可能な自動車（準自動パイロット・自動パイロット）の市場化，過疎地等の限定地域での無人自動運転移動サービスの提供を実現し，その後，2025年を目途に，高速道路での完全自動運転システムの市場化，物流での自動運転システムの導入普及，限定地域での無人自動運転移動サービスの全国普及等を目指すという目標を掲げている。

　③は，カーシェアリングやライドシェアなどを指し，すでにいくつかのサービスが実用化されつつある。

　④は，いわゆる電気自動車（EV）の開発であり，欧州を筆頭に国家レベルで EV 化を促進している。

　現代の自動車は，単なる乗り物からサービスプラットフォームへとシフトしてきており，それに伴って，AI や IoT の技術，ビックデータがますます活用される分野でもある。

第9章

第四次産業革命と標準必須特許

第9章では，情報通信分野の標準必須特許のライセンス交渉実務について，主として IoT 応用事業において情報通信技術を実施する企業の立場を念頭に置いて解説する。

1 はじめに

IoT 時代には，あらゆるモノがインターネットを通じて接続されるようになる。インターネットの通信には有線・無線双方の技術が用いられているが，IoT との関係では，モノに組み込まれる通信モジュールとして，無線通信技術が特に重要となっている。デジタル通信において，通信機器を相互接続し，通信を確実に行うためには，通信に用いる技術の共通化が必要であり，共通化された技術が「標準規格」である。

移動通信システムは，通信技術がデジタル方式に移行して以降，数世代にわたって，最新の技術を取り込んで標準化している。最新の通信規格である5Gは，スマートフォンのような従来の通信端末に限らず，「あらゆる端末およびアプリケーションを快適に利用するための技術」だといわれており，「超大容量通信」（現行規格の4Gの約100倍）に加えて，「超低遅延通信」「超多数端末接続」を特徴とする，IoT の要請に応える通信規格で

ある。

標準規格の実施に不可欠な特許が「標準必須特許」(standard essential patent, 以下「SEP」という) である。通信を行う機器を製造し, あるいは通信規格に準拠して通信を行うためには, 不可避的に SEP を実施することになる。よって, 通信を行う機器を製造する者, あるいは通信規格に準拠して通信を行う者[1]は, SEP の権利者からライセンス (実施許諾) を受けなければならない。

通信規格等の標準化は, 標準化団体 (standard setting organization, 以下「SSO」) によって行われることが多い。SSO は, 紛争を防止し, 技術標準の実施に必要な SEP の幅広い活用を促すため, SEP に関する方針 (IPR ポリシー) を策定している。IPR ポリシーでは, 標準化参加企業に対し, 必須特許宣言した特許について, FRAND (Far, Reasonable and Non-Discriminatory) 条件でライセンスすることを求めている。

従来, 情報通信技術の分野の SEP をめぐるライセンス交渉は, 情報通信分野を事業ドメインとする企業同士を中心に行われてきた。そのため, クロスライセンスにより解決されることが多く, 必要に応じて事業開始後にライセンス交渉を行う慣行が存在していた。また, ライセンサーとライセンシーの双方が SEP のライセンス交渉について豊富な経験を有しており, 互いに相手が保有する特許の権利範囲, 必須性, 価値を評価することが比較的容易であったため, 当事者間でライセンス料率についてある程度共通の相場観を持つことができていたのである。

しかし, IoT の浸透に伴い, さまざまな業種の企業が, 情報通信技術の標準規格を利用するようになり, SEP のライセンス交渉に関わるようになっている。今後ますますその状況が進むと考えられる。たとえば, SEP

---

1 ただし, 単に通信端末を購入して通信を行うだけの最終ユーザは, 事業のために通信を行う場合であっても, 当該通信端末が SEP のライセンス下で製造されていれば, 消尽の法理により, SEP のライセンスを受ける必要はない。

の特許権者である情報通信分野の企業に加えて，自らは SEP をほとんど保有しないにもかかわらず SEP を利用する必要がある自動車等の最終製品メーカーやサービス産業，インフラ産業の企業も，ライセンス交渉に関わるようになっている。

　このような状況に伴い，SEP をめぐるライセンス交渉の態様にも変化が生じている。情報通信分野を事業ドメインとしていない企業にとっては，クロスライセンスによる解決は通例困難である。また，そのような企業にとっては，特許の必須性・有効性の判断は容易ではないし，ライセンス料率の相場観も大きく異なることになる。また，そもそも，IoT により通信網に接続されることになる，（従来の通信端末に限られない）広範な機器については，これまで相場が存在していなかったといえる。したがって，そのような企業は，情報通信の SEP のライセンス交渉や紛争にあたって，予測の難しい困難にさらされることになる。

2　特許庁による標準必須特許のライセンス交渉に関する手引き

(1)　手引き策定の意義

　上述のような状況を踏まえて，特許庁は，パブリックコメントを経て，2018年6月5日に「標準必須特許のライセンス交渉に関する手引き」（以下「特許庁手引き」）を策定した。

　この手引きは，FRAND 宣言がされている SEP のライセンスに関し，透明性と予見可能性を高め，特許権者と実施者との間の交渉を円滑化し，紛争を未然に防止し，あるいは早期に解決することを目的として作成されたものである。

　情報通信の規格は，国際的に共通なものとして標準化されており，SEP は国際出願されたパテントファミリーとして権利化されているのが通例で

ある。SEP に関するライセンス交渉は，実施者がビジネスを行う国すべてを包摂することを念頭に置いて進められることが多く，SEP に関する特許訴訟も世界各国で提起され，先例が蓄積されている。したがって，SEP のライセンスの実務については，国際的な視点で考えることが欠かせず，特許庁手引きも国際的なライセンス交渉の手引きとして有用なものとなるよう企図されている。

特許庁手引きは，法的拘束力を持つものではない。また，「ガイドライン」ではなく「手引き」というタイトルになっていることが示すとおり，行政的な指導の要素も含んでいない。これまでの各国の裁判例と，関係当事の認識，見解を踏まえて，SEP のライセンス交渉をめぐる論点を，可能な限り客観的に整理したものであり，そのようなものとして参考にすることができる。特に，SEP のライセンス交渉に慣れていない，情報通信事業を事業ドメインとしていなかったが，IoT 環境下で情報通信技術を利用することになる企業（以下「新規分野企業」という）にとって参考になるものであるといえよう。

そこで以下では，この手引きのポイントを，特に新規分野企業の視点から紹介する。

（2） ライセンス交渉の「誠実性」のポイント

SEP の実施者としては，SEP による差止めを避けつつ，自らも納得できるようなライセンス料を支払うことによりライセンスを受けることを目指すことになる。FRAND 宣言された SEP による差止めを制限する法的な根拠は，各国の法制度に応じて異なっているが，各国の裁判例は，実施者が誠実な交渉をしている場合には差止めは認められないものとしており[2]，SEP のライセンス交渉において当事者がどのように行動すべきかについての見方が，内外の裁判例において収斂してきているように見受けられるところである。

そのような背景のもと特許庁手引きでは，どう行動すれば「誠実に交渉している」と認められ，実施者は差止めを回避し，特許権者は適切な対価を得られやすいかについて説明している（特許庁手引きⅡ.A）。加えて，効率的な交渉の在り方についても述べている（特許庁手引きⅡ.B）。新規分野企業にとっては誠実性を確保する観点が重要である。よって以下では，特許庁手引きが示す誠実性のポイントを整理することにする[3]。「不誠実」と評価される方向に働く可能性のある場合を理解し，これを避けることが特に重要であると考えられる。

ライセンス交渉の進め方は，当事者間で，個々のケースごとに，特許が実施されている国の法律や裁判例などを考慮して判断される必要があるが，誠実な交渉態度とは何かについて，特に注目されているのが，Huawei 対 ZTE 事件における2015年の欧州司法裁判所の決定[4]である。特許庁手引きでは，同決定で示された枠組みをベースとして，各国の裁判例や実務を参考にしつつ，交渉の各段階における当事者の対応を整理している。

特許庁手引きでは，交渉の段階を次のとおり整理している。

典型的な SEP ライセンス交渉の段階

① 特許権者がライセンス交渉の申込みをする段階

② 実施者がライセンスを受ける意思を表明するまでの段階

③ 特許権者が FRAND 条件を具体的に提示する段階

④ 実施者が FRAND 条件の具体的な対案を提示する段階

⑤ 特許権者による対案の拒否と裁判・ADR による紛争解決

---

2 日本においては，後記6で解説するとおり，アップル対サムスン事件知財高裁大合議判決によって，実施者が FRAND 条件によるライセンスを受ける意思を有する者であることの主張立証に成功した場合には，特許権者による差止請求は権利濫用として許されないとされている。

3 特許庁手引き「Ⅱ.B.効率性」および「Ⅲ.ロイヤルティの算定方法」で解説されている事項に関しては，IoT 時代において新規分野企業との関係で新たに問題となっている事項に絞って，項を改めた解説中で特許庁手引きにも触れることとする。

4 Huawei v. ZTE（欧州，CJEU，2015年）

実施者の側が主体的に行動するのは②の段階からである。①の段階で特許権者からSEPを特定する資料やクレームチャート等の提示を受けた後，実施者がSEPのライセンスを受ける必要があると考えるに至れば，実施者は特許権者とライセンス契約を締結する用意があること，すなわち，ライセンスを受ける意思を表明することになる。

　実施者は，ライセンスを受けようとしている特許権について，たとえば，次のような論点について依然として争うことが可能である。

> （i）　特許が真に必須であるかどうか。
> （ii）　特許が有効であるかどうか。
> （iii）　実施者が特許を侵害しているかどうか。
> （iv）　特許が執行可能かどうか。
> （v）　権利を行使している者が特許の真の保有者であるかどうか。
> （vi）　特許が消尽していないものであるかどうか。

　従来のSEPをめぐる交渉では，特に(i)(ii)(iii)が争われることが多かったが，情報通信技術を自社の事業ドメインとしていない新規分野企業がこれらを争うことは容易ではない。これらの調査のためにある程度時間がかかることはやむを得ない面があるが，いたずらに時間稼ぎをして，それが不誠実な交渉態度であるとの評価につながらないよう，留意する必要がある。

　この段階において，不誠実と評価される方向に働く可能性があるため，実施者が避けるべきであるとされている行為には次のようなものがある。

> **実施者がライセンスを受ける意思を表明するまでの段階において，不誠実と評価される方向に働く可能性がある行為**
> （i）　応答が非常に遅いことについての理由を説明せず，あるいは交渉に全く応じないまま，特許を侵害している（またはその可能性がある）技術を使い続ける。

(ii)　SEP の必須性・有効性についてのすべての根拠がそろわない限り交渉を開始しないと主張する。

(iii)　特許権者が他者との秘密保持契約があるため開示できないような情報を提供することを執拗に求めることなどにより，交渉を遅延させる。

(iv)　特許権者が機密情報を含む詳細なクレーム解釈を有するクレームチャートを提供することを要求しながら，秘密保持契約の締結に一切応じない，あるいは秘密保持契約の条件修正を繰り返して交渉を遅延させる。

(v)　実質的に意味のない回答を繰り返す。

(vi)　複数の他の実施者と結託して，他の実施者がライセンスを取得していないことをもって，ライセンスの取得を頑なに拒む。

　③の段階で特許権者が FRAND 条件を具体的に提示したのを受けて，④の段階で実施者は FRAND 条件の具体的な対案を提示することになる。

　この段階において，不誠実と評価される方向に働く可能性があるため，実施者が避けるべきであるとされている行為には次のようなものがある。

実施者が FRAND 条件の具体的な対案を提示する段階において，不誠実と評価される方向に働く可能性がある行為

（i）　特許権者から提案されたライセンス条件が FRAND 条件を満たすことについて具体的な根拠が示されているにもかかわらず，FRAND 条件の対案を何ら提示しない。

（ii）　裁判例や比較可能なライセンス条件に照らして明らかに不合理な最初の対案を提示し，交渉中もその対案に執着する。

（iii）　ロイヤルティの算定方法や対案が FRAND 条件であることの説明をしない。

　特許権者と実施者の間の交渉により決着を図ることが難しい場合には，⑤の段階として，いずれかの当事者または双方が紛争解決手続による解決を図ることができる。紛争解決手続には裁判と ADR（調停，仲裁）があるが，ADR で解決を図るためには，両当事者が ADR による解決に同意す

ることが必要となる。ADR の利用を断ることによってただちに，その当
事者の交渉態度が不誠実と評価されることにはならないと考えられるが，
特許庁手引きでは，中国の事例を引いて ADR の利用を拒み続けることが
不誠実と判断される場合もあるとされている。

3 サプライチェーンにおける交渉の主体

　IoT の浸透に伴い，多様な分野において標準規格の利用が一般的になり，
製造のサプライチェーンの中のどのレベルの主体（たとえば，部品メーカー
か最終製品メーカーか）がライセンス契約の締結主体となるべきか，とい
う点が議論となっている（特許庁手引き II. B. 2）。

　ライセンス交渉の主体のレベルは，個々のケースごとに決定すべきもの
であるが，特許権者は，ライセンスを管理しやすくする等の観点から，最
終製品メーカーとライセンス契約を締結することを望む傾向が見られる。
他方，最終製品メーカーは，当該部品等について最も技術的な知見を有す
るサプライヤーがライセンス契約の当事者となることを望む傾向が見られ
る。その方が，次項 4 で説明するロイヤルティを算定する基礎を SSPPU
とすることにつながりやすい，という事情もある。最終製品メーカーが交
渉の当事者となるとしても，対象技術に詳しいサプライヤーを交渉に同席
させることを認めるかどうかについて特許権者との間で見解が異なること
もある。

　法的な観点からは，対象となる SEP を実施しており，ライセンスを得
ないと特許侵害となってしまうような実施者は，交渉の当事者となること
を避けるのは難しいということになる。

　この問題の背景としては，特許権の消尽に関する理解が不可欠である。
わが国における特許の消尽については，本章 6 で後述するアップル対サム
スン事件知財高裁大合議判決の解説を参照されたい。同判決を前提に，サ

プライヤーが納品する機器と消尽の関係を整理すると**図表9－1**のようになる。

図表9－1 サプライヤーが納入する機器と特許権の消尽

	納品される機器	サプライヤー	サプライヤーが特許権者または実施権者であれば特許権が消尽するか
1	機器それ自体が特許製品である場合	（当然に単独事業者により納品されている）	○ 当該納品は，明らかに特許製品の譲渡に当たるため，消尽が認められる。
2－1	機器が特許製品の生産にのみ用いる物（1号製品）である場合	単独事業者が最終製品のために必要な全部の機器を納品している場合	△ 最終製品等提供事業者自身が特許製品を「生産」したと評価されて消尽は認められないとしても，黙示の許諾が認められる可能性がある。
2－2		当該事業者が1号製品のみを納品している場合	× 最終製品等提供事業者自身が特許製品を「生産」したと評価される可能性が高い。 もっとも，特許権者において最終製品等提供事業者において特許製品が完成することを認識している場合，黙示の許諾が認められる可能性が皆無ではない。

特許権の消尽については，特許権者の意思によってこれを否定することはできないと一般に解されていることに留意が必要である。特許権者が実施者との契約等によって消尽しない旨を定めた上で実施者が特許製品を譲渡した場合であっても，特許権は消尽することになる。

サプライヤーが納品する部品が，自動車（スマートカー）における Telematics Communication Unit（TCU）のような完全実施品の場合，FRAND 宣言した特許権者は，サプライヤーからのライセンスの申込みを

拒絶できるかということについては，FRAND条件のうちのNon-Discriminatory条件との関係でも議論となっている。

業務委託契約や購買契約等における特許に係る免責条項の重要性も増しており，サプライヤーがSEPについても責任を負うかどうかについては，サプライヤーと最終製品メーカーとの間で重要な契約上の交渉事項になる場合もある。

4 ロイヤルティベース（算定の基礎）

SEPのライセンス交渉では，FRAND条件によるライセンスの対価がロイヤルティ方式によって決められるのが一般的である。

ロイヤルティは，一般に，

> ①ロイヤルティベース（算定の基礎）×②ロイヤルティレート（料率）

の算式によって得られる。

①②の要素いずれも交渉の対象となるが，IoT製品の実施に関しては，特に①のロイヤルティベース（算定の基礎）をどのように考えるかが論点となっている（特許庁手引きⅢ.A.2）。

算定の基礎については，最小販売可能特許実施単位（Smallest Salable Patent Practicing Unit = SSPPU）と市場全体価値（Entire Market Value = EMV）のいずれを採用すべきかという議論が行われてきた。

SSPPUとは，SEPの技術が最小販売可能特許実施単位である部品のみで使われているのであれば，SEPが貢献していると考えられる当該部品の価格が算定の基礎となるという考え方に立脚するものである。他方，EMVとは，SEPの技術が最終製品全体の機能に貢献し，製品に対する需要を牽引していると考えられる場合には，最終製品全体の価格が算定の基礎となるとする考え方である。

通信技術が機能の中核である携帯電話がライセンスの対象であった時代においては，最終製品と最小販売可能特許実施単位との間に余り差異がなかったため，EMV の考え方によることに違和感はなかった。

しかし，通信技術が製品の機能の一部を占めるに過ぎないスマートフォンにおいては，すでに EMV の考え方をそのまま適用することが難しくなっている。本章 6 で解説するアップル対サムスン事件知財高裁大合議判決でも，EMV であるスマートフォン（iPhone）全体の価格を計算の出発点としているが，製品の売上高合計にただちにロイヤルティレート（同判決のいう「本件特許が貢献した部分の割合」）を乗ずるのではなく，まず，「規格に準拠していることが貢献した部分の割合」を乗じている。EMV から出発しているが，これに「規格に準拠していることが貢献した部分の割合」を乗じたものは，SSPPU に帰一すると考えることができる。

さらに，IoT の普及が進んでいる現在では，自動運転自動車などの，通信技術は製品の効用の一部を構成しているに過ぎない無線通信によるスマート化が進んだ製品が出現し，SSPPU と EMV のいずれの考え方を採用すべきかについての論争が深まっている。こうした最終製品においては，通信のための部品が全体に占める割合はスマートフォンのような情報通信端末に比べて大幅に小さくなり，情報通信が製品に貢献する割合も算定が困難となる。このため，こうした最終製品のメーカー側では，EMV の考え方ではなく，SSPPU の考え方が適当だと主張しているのである。

法的にはいずれの考え方もあり得るところであり，特許権者と利用者との間で妥当なロイヤルティの在り方を協議していく必要があるところである。

特許権者の中にはロイヤルティを，「①ロイヤルティベース（算定の基礎）×②ロイヤルティレート（料率）」によって算出するのではなく，製品分野毎に定額のロイヤルティとすることを提案する事業者も出てきているが，製品分野ごとに別の定額とすることについては次項 5 で解説する問題もあ

るので，そのような解決が主流になるかは今後の実務動向によるものと考えられる。

5 使途が異なる場合のロイヤルティ

　IoT時代においては，情報通信分野の技術が多様な業種，多様な事業で利用されることになる。こうした中，特許権者からは，同一の標準技術であっても，最終製品における技術の使われ方が異なれば，ロイヤルティの料率や額が異なるべきとの主張が見られるようになっている（特許庁手引Ⅲ.B）。

　具体的には，情報通信技術に関しては，同一の標準技術を搭載している製品であっても，その技術の通信品質上のメリット（高速大容量，低遅延といった機能）を最大限活用している製品（例：自動運転自動車や自動制御のドローン）と，その技術の通信品質上のメリットはほとんどの活用していない製品（例：スマート自動販売機やスマート家電）との間で，特許権者がロイヤルティに差を設けることは，差別的ではなく，むしろ公平であるという主張がなされている。

　この見方は，技術の通信品質上のメリットを最大限活用しているとされる製品のメーカーからは，そのような製品のロイヤルティ額を高くしようとすることを狙いとしたものであるとして警戒されている。

　この問題も，FRAND条件中のNon-Discriminatoryの解釈によってただちに答えが出せる問題ではないため，特許権者と利用者との間で妥当なロイヤルティの在り方を協議していく必要があるところである。

6 アップル対サムスン事件知財高裁大合議判決

（1） 判決の意義

　日本における SEP に関する裁判例として重要なのが，アップル対サムスン事件知財高裁大合議判決・決定（知財高大合議判平成26年5月16日（同日決定）判時2224号89頁・判タ1402号226頁）である。日本企業が SEP のライセンス交渉を行うにあたっては，不可欠の前提知識となる裁判例であるので，以下でこの判決・決定について解説する。

　本件は，アップルが，3G の iPhone, iPad（以下「本件製品」）の生産，譲渡，輸入等の行為は，サムスンが有する標準必須特許（以下「本件特許」）の侵害行為に当たらない等と主張し，サムスンがアップルに対して本件特許権侵害の不法行為に基づく損害賠償請求権を有しないことの確認を求めた事案である。同日には，サムスンが，アップルによる本件製品の一部の生産，譲渡，輸入等の差止めを求めた仮処分の抗告申立に対する決定もなされている。

　この判決・決定は，次のような論点について，知財高裁が大合議で判断を示したものであり，現在に至るまで，日本における SEP の論点に関するリーディングケースとなっている。

---

① 部材の製造販売を許諾したことにより完成品に対する権利行使が認められなくなるか（消尽・黙示の許諾）。
② 特許権者がした FRAND 宣言によって，ライセンス契約が成立するか（ライセンス契約の成否・FRND 宣言の法的意味）。
③ FRAND 宣言をした特許権に基づく差止請求が制限されるか（差止請求の制限）。

④　FRAND宣言をした特許権に基づく損害賠償請求が制限されるか（損害賠償請求の制限）。

⑤　FRAND宣言をした特許権の侵害における損害賠償額（賠償額の算定）

以下で，それぞれの論点についての判示を解説する。

（2）　消尽・黙示の許諾

本件では，アップル（以下「A」）は，サムスン（以下「S」）が，本件製品の部材（ベースバンドチップ）の製造販売を海外で第三者に対して許諾していたから，特許権の消尽，または黙示の許諾の法理により，Sによる本件特許権の行使は制限されると主張した。

判決は，当該部材の製造販売をSが第三者に許諾していたとの事実を否定したが，許諾していた場合について仮定的に判断し，次のように説示して，そのように仮定しても，本件特許の行使は制限されないと判示した。

「特許権者が，我が国において，特許製品の生産にのみ用いる物（第三者が生産し，譲渡する等すれば特許法101条1号に該当することとなるもの＝「1号製品」）を譲渡した場合には，当該1号製品については特許権はその目的を達成したものとして消尽し，特許権者は，当該1号製品がそのままの形態を維持する限りにおいては，当該1号製品について特許権を行使することは許されない。しかし，その後，第三者が当該1号製品を用いて特許製品を生産した場合においては，特許発明の技術的範囲に属しない物を用いて新たに特許発明の技術的範囲に属する物が作出されていることから，当該生産行為や，特許製品の使用，譲渡等の行為について，特許権の行使が制限されるものではない。」

「このような場合であっても，特許権者において，当該1号製品を用いて特許製品の生産が行われることを黙示的に承諾していると認められる場合には，特許権の効力は，当該1号製品を用いた特許製品の生産や，生産

された特許製品の使用，譲渡等には及ばない。」

　以上の理は，わが国の特許権者（関連会社などこれと同視するべき者を含む）が国外において1号製品を譲渡した場合についても，同様に当てはまるとされた。また，通常実施権者が1号製品を譲渡した場合も基本的には同様であり，黙示の許諾については，通常実施権者に許諾をする権限がなければならないとされている。

　この論点自体は，SEPに固有の論点ではないが，SEPにおいては，特許製品の生産にのみ用いる部材がライセンス対象品であることはより頻繁に生じ得るため，SEPに関して特に重要な意味を有する判示であると言ってよい。サプライチェーンにおける交渉の主体の論点との関係でも，法的な前提として重要な判示であることは前記3で説明したとおりである。

（3）　ライセンス契約の成否・FRAND宣言の法的意味

　Aは，本件FRAND宣言はライセンス契約の申込みであり，被控訴人が本件各製品の輸入販売を開始したことが，これに対する黙示の承諾となるから，当事者間にはライセンス契約が成立していると主張した。

　契約の問題であるから，FRAND宣言の準拠法を定める必要があるが，本判決は次の点を指摘して，法の適用に関する通則法7条を適用し，フランス法が準拠法となるとした[5]。

- ● ETSI[6]のIPRポリシーには，「このポリシーは，フランス法に準拠する。」との規定がある。
- ● 本件FRAND宣言にも，その有効性等はフランス法に準拠するとの文言が含まれている。

5　そのため，以下の検討はフランス法に基づく検討としてなされているが，日本法でも同様の結論になると考えられる。
6　欧州電気通信標準化機構。本件で対象となった3Gの標準規格UTMSのSSOである。

その上で，本判決は，ライセンス契約が成立するためには，少なくともライセンス契約の申込みと承諾が必要とされるところ，次のとおり本件FRAND宣言については，ライセンス契約の申込みであると解することはできないとした。

(i) 本件FRAND宣言では，文言上確定的なライセンスの許諾とはされていない。

(ii) ライセンス料率ばかりでなく，ライセンスの地理的範囲や期間等も定まっておらず，成立するライセンス契約の内容を定めることができない。

(iii) ライセンス契約の申込みであるとすると互恵条件を無にするおそれがある。

(iv) ETSIにおいてもFRAND宣言がただちにライセンス契約の成立を導くものではないことを前提にしている。

(v) ETSIは，IPRポリシーの策定にあたって「自動ライセンス」を断念した経緯がある。

Aは，本件FRAND宣言はSとETSIの間の第三者のためにする契約であって，これによってAがライセンスを受けたと解することも可能であるという主張もしている。

しかし，判決は，第三者のためにする契約によって，ライセンス契約が成立したとするためには，少なくとも，SとETSIとの間で，Sが受益者とライセンス契約を締結することが約されていることが必要とされるところ，上記(i)～(v)の事情から，そのことが約されていたとは認められないとして，そのような主張も排斥している。

本判決では，このように，ライセンス契約の成立は否定されたものの，後述のとおり差止請求が制限され，FRAND条件でのライセンス料相当額を超える損害賠償も制限されたため，誠実に交渉を行う交渉当事者間にお

いてはライセンス契約が成立しているのに近い状態となる。

　ただし，特許権者が特許権を譲渡したような場合に違いが生じ得る。ライセンス契約が成立していれば，日本法上，ライセンシーは特許権の譲受人にもライセンス契約を対抗し得るが（特許法99条），本判決のような論理だと，譲受人の権利行使を制限できない。そのため，PAE（Patent Assertion Entity）が譲受人になったような場合の権利制限の可否については，わが国には未だ先例がなく，未解決の状態となっている。

（4）　差止請求の制限

　本決定は，FRAND宣言されたSEPに基づく差止請求権の行使を無限定に許すことは，標準規格に準拠しようとする者の信頼を害するとともに特許発明に対する過度の保護となり，特許発明に係る技術の社会における幅広い利用をためらわせるなどの弊害を招き，特許法の目的である「産業の発達」（同法1条）を阻害するおそれがあり合理性を欠くとした。

　そして，FRAND宣言をしているSによる本件特許権に基づく差止請求権の行使については，Aにおいて，Sが本件FRAND宣言をしたことに加えて，AがFRAND条件によるライセンスを受ける意思を有する者であることの主張立証に成功した場合には，権利の濫用（民法1条3項）に当たり許されないとした。

　他面において，UMTS規格に準拠した製品を製造，販売する者が，FRAND条件によるライセンスを受ける意思を有しない場合には，かかる者に対する差止めは許されるとしている。ただし，FRAND条件によるライセンスを受ける意思を有しないとの認定は厳格にされるべきであるとした。

　本件の事案については，次のとおり判示して，AはFRAND条件によるライセンスを受ける意思を有する者であるため，Sの権利行使は権利の濫用に当たり許されないとした。

「Aは，平成23年8月18日付けの書面でのライセンス料率の上限の提示に始まり，複数回にわたって算定根拠とともに具体的なライセンス料率の提案を行っているし，Sと複数回面談の上集中的なライセンス交渉も行っているから，AはFRAND条件によるライセンスを受ける意思を有する者であると認められる。この点，SとAとの間には，妥当とするライセンス料率について大きな意見の隔絶が長期間にわたって存在する。しかし，ライセンサーとライセンシーとなる両社は本来的に利害が対立する立場にあることや，何がFRAND条件でのライセンス料であるかについて一義的な基準が存するものではなく，個々の特許のUMTS規格への必須性や重要性等についてはさまざまな評価が可能であって，それによって妥当と解されるライセンス料も変わり得ることからすれば，Aの行った各種提案も一定程度の合理性を有するものと評価できる。加えて，Sの交渉態度も，Aとの間でのライセンス契約の締結を促進するものではなかったと評価するのが相当であることからすると，両社間に大きな意見の隔絶が長期間にわたって存在したとしても，AにおいてFRAND条件でのライセンス契約を締結する意思を有するとの認定が直ちに妨げられるものではない。」

（5） 損害賠償請求の制限

本判決では，FRAND宣言したSEPに関する損害賠償請求について，「FRAND条件でのライセンス料相当額を超える損害賠償請求」と「FRAND条件でのライセンス料相当額による損害賠償請求」に分けて検討している。

判決は，前者の「FRAND条件でのライセンス料相当額を超える損害賠償請求」については，標準規格に準拠しようとする者の信頼は保護に値するのに対し，特許権者はFRAND宣言により対象特許が広く利用され，ロイヤルティベースが拡大する利益が得られるので，損害賠償請求権が制約されることも許容される等として，特段の事情のない限り権利濫用とし

て許されないとする。

　後者の「FRAND 条件でのライセンス料相当額による損害賠償請求」については，標準規格に準拠しようとする者も当然支払いを予想するし，この損害賠償請求を認めることは発明の公開に対する対価としても重要な意味を有するとして，特段の事情のない限り権利濫用にはならないとした。

　このため，FRAND 宣言をした特許権者が，当該特許権に基づいて，FRAND 条件でのライセンス料相当額を超える損害賠償請求をする場合，そのような請求を受けた相手方は，特許権者が FRAND 宣言をした事実を主張，立証をすれば，ライセンス料相当額を超える請求を拒むことができると解されるとした。

　ただし，これに対して，特許権者が，相手方が FRAND 条件によるライセンスを受ける意思を有しない等の特段の事情が存することについて主張，立証をすれば，FRAND 条件でのライセンス料を超える損害賠償請求部分についても許容されるとしている。この場合にも，相手方が FRAND 条件によるライセンスを受ける意思を有しないとの特段の事情は，厳格に認定されるべきであるとした。しかし，FRAND 条件によるライセンスを受ける意思を有することに関する立証責任は，差止請求の制限の場合と一応異なることになる。

　上述のとおり，本判決は，FRAND 条件でのライセンス料相当額の範囲内での損害賠償請求については，必須宣言特許による場合であっても，制限されるべきではないとしている。ただし，FRAND 宣言に至る過程やライセンス交渉過程等で現れた諸般の事情を総合した結果，当該損害賠償請求権が発明の公開に対する対価として重要な意味を有することを考慮してもなお，ライセンス料相当額の範囲内の損害賠償請求を許すことが著しく不公正であると認められるなど特段の事情が存することについて，相手方から主張立証がされた場合には，権利濫用としてかかる請求が制限されることは妨げられないとしている。

特許権者の誠実交渉義務について，本判決は，「Ｓが本件 FRAND 宣言をしていることに照らせば，Ｓは，少なくとも我が国民法上の信義則に基づき，Ａとの間で FRAND 条件でのライセンス契約の締結に向けた交渉を誠実に行うべき義務を負担すると解される」とした。ただし，FRAND 宣言特許のライセンス交渉の実務等を参酌し，「Ｓは提案するライセンス条件が FRAND 条件にのっとったものであることを説明すべきであるとしても，ＳがＳと他社との間のライセンス契約の条件を開示しなかったことを直ちに不当と非難することはできず，Ｓのライセンス交渉過程での態度をもって，Ｓが FRAND 条件でのライセンス料相当額の範囲内で損害賠償請求をすることが著しく不公正であるとまでは認めることができない」としている。

（6） 賠償額の算定

本判決では，賠償額の算定は，次の算定式により算定されるべきものとされた。

本判決で示された賠償額の算定式

製品の売上高合計

× 　規格に準拠していることが貢献した部分の割合

× 　当該部分のうちの本件特許が貢献した部分の割合

　　　（累積ロイヤルティの上限の割合である５％

　　　　÷必須と認められる特許の数）

ただし，この判断は，あくまでも特許権者であるＳが，FRAND 条件でのライセンス料相当額について積極的な主張，立証を行わなかった中での判断であったことに注意する必要がある。

規格に準拠していることが貢献した部分の割合の認定については，公表されていないが，iPhone 4 については，UMTS 規格の寄与割合は４分の

1 程度との推計がなされている。

規格に準拠していることが貢献した部分のうちの本件特許が貢献した部分の割合については、これを算定する際には、累積ロイヤルティが過剰となることを抑制する観点から全必須特許に対するライセンス料の合計が一定の割合を超えない計算方法を採用している。本件においては、他の必須特許の具体的内容が明らかでないことから、UMTS 規格に必須となる特許の個数割りによるものとされた。

7 標準必須特許に関する紛争の解決

(1) SEP をめぐる紛争解決の実情

FRAND 宣言されている SEP については、特許権者と実施者の間での交渉による解決が図られるのが通例であるが、交渉による妥結の目処が立たない場合には、いずれかの当事者が裁判で紛争の解決を図ることもある。

特許は各国ごとに成立するため、各国の裁判所は、必須特許の差止めに関する紛争について、当該国で成立した特許についてしか管轄権を持たない。そのため、国際的な標準規格の実施に必要な SEP をめぐる紛争は、規格が実施される複数国で多数の権利を対象に同時に発生する。したがって、紛争解決のための負担、時間および費用は多大なものとなることが多い。

(2) Unwired Planet v. Huawei 事件英国控訴院判決

このような状況下で注目されるのが、2018年10月23日の Unwired Planet v. Huawei 事件英国控訴院判決である[7]。

---

7 Unwired Planet International Ltd & Unwired Planet LLC v Huawei Technologies Co Ltd & others (2018) EWCA 2344

本判決は，無線通信技術（4G/LTE等）に係るSEPをグローバルに保有するNPE（Non-Practicing Entity）であるUnwired Planet（以下「UP」）が，Huawei（以下「H」）らに対して英国で特許侵害訴訟を提起した事件に関するものである。

英国控訴院は，第一審を支持して，要旨次のような判決を下した。

① 特許権者であるUPによる，グローバルな特許ポートフォリオに基づいた本件に係るグローバルライセンスの申出は，FRAND条件を満たすものである。

② Hがグローバルライセンスの条件を受諾したライセンス契約を締結しない場合に，UPが英国において，差止請求権を行使することは権利の濫用ではない。

つまり，英国の裁判所は，英国で登録されたSEPに基づく差止めしか審理の対象にはできないが，英国においてSEPに基づく差止めが認められるかどうかの審理中で，特許権者が合理的なFRANDライセンスの申出を行ったかの判断をするにあたっては，当該ライセンスの申出は，英国におけるライセンスの申出に限定されることはなく，グローバルライセンスの申出であっても，当該申出がFRANDライセンスの申出に当たるかどうかを判断するとしたのである。

この判決によれば，英国における差止めが実施者にとって大きな脅威となる場合には，特許権者としては，グローバルライセンスの申出を行った上で，英国の裁判所に訴えを提起すれば，グローバルなSEPライセンスの紛争を，英国の裁判をてこにして解決を図る可能性があると考えられる。

このアプローチを各国の裁判所が取るならば，実施者の重要な生産拠点または重要な市場がある国の裁判所を利用して，ワンストップ的に紛争を解決できる可能性が一定程度あることになる。

このようなアプローチが他の国でも受け入れられるか，そして，これに

基づきどれだけワンストップ的な解決が図られるかは，今後の実務の動向を注視する必要があるであろう。

ただし，いずれにせよ，本英国控訴院判決によって示唆されるワンストップ解決の可能性は，あくまでも特許権者から見た選択肢であり，実施者の側からは活用が難しいものであるといえる。

（3） 東京国際知的財産仲裁センターの設立

（1）で説明したような SEP に関する紛争解決の実情を背景として，2018年9月1日に，日本における新たな仲裁機関として，東京国際知的財産仲裁センター（通称：IACT）が設立された。

同仲裁センターの手続によれば，1つの仲裁手続で，複数国にわたる SEP に関する紛争をすべて解決することができる。仲裁候補者として，世界各国の著名元裁判官等の知的財産紛争解決の第一人者を予定しており，紛争解決について高い質を確保することとしている。

SEP の紛争解決についてワンストップで解決する場を提供する注目すべき試みであるが，仲裁によって SEP に関する紛争を解決するには，特許権者・実施者両者による，同仲裁センターにおける仲裁によって紛争を解決する旨の仲裁合意が必要である。そのような合意が，SEP の交渉が行われる過程で達成可能であるかは未知数であり，今後同仲裁センターが実績を積み上げられるかが注目されるところである。

（4） 特許庁による標準必須性に係る判断のための判定

ライセンス交渉の対象となる特許発明が，特定の標準規格に関して必須の特許であるかどうかの判断は，当事者におけるライセンス交渉に大きな影響を与える。その判断は特に新規分野企業にとっては困難であるし，当事者間において争いになった場合は，当事者同士のみで解決することが困難なことが多い。しかし，この論点のみを解決するために裁判手続を利用

するのは現実的ではない。

そこで，2017年度の産業構造審議会知的財産政策部会特許制度小委員会によって取りまとめられた報告書では，「特許庁が，公正・中立な立場から，標準必須性について争っている当事者の主張・立証に基づき標準規格文書から特定される仮想対象物品等が特許権の技術的範囲に属するかどうかの判断を公に示すことにより，特許が標準必須であるかについての予見可能性および透明性が向上し，当事者以外にとってもライセンス交渉を円滑化する効果を持つと考えられる。このため，判定（特許法第71条）の請求において，特許発明の標準必須性に係る判断を求めることができるようにすべき」とされた。

これを受けて，特許庁は，2018年4月1日から，「標準必須性に係る判断のための判定」の運用を開始している。

この手続は，特許庁が，標準必須性に係る判断のみを示すものであり，その判断には法的な拘束力はない。また，対象も日本の特許に限られる。しかし，日本の特許の標準必須性が交渉の重要なポイントとなっている場合には，利用を考えてよい手続といえるであろう。

参考文献

経済産業省「AI・データの利用に関する契約ガイドライン」2018年6月15日公表
  https://www.meti.go.jp/press/2018/06/20180615001/20180615001.html
特許庁「標準必須特許のライセンス交渉に関する手引き」2018年6月公表
  https://www.jpo.go.jp/system/laws/rule/guideline/patent/seps-tebiki.html
特許庁「特許・実用新案審査ハンドブック」2019年1月30日最終改訂
  https://www.jpo.go.jp/system/laws/rule/guideline/patent/handbook_shinsa/
  index.html
経済産業省「営業秘密管理指針」2019年1月23日最終改訂
  https://www.meti.go.jp/policy/economy/chizai/chiteki/guideline/h31ts.pdf
経済産業省「限定提供データに関する指針」2019年1月23日公表
  https://www.meti.go.jp/policy/economy/chizai/chiteki/guideline/h31pd.pdf
個人情報保護委員会　法令・ガイドライン等
  https://www.ppc.go.jp/personalinfo/legal/
総務省・経済産業省 IoT 推進コンソーシアム「新たなデータ流通取引に関する検討
事例集 Ver2.0」2018年8月10日公表
  総務省からのリンク
    http://www.soumu.go.jp/menu_news/s-news/01kiban18_01000045.html
  経済産業省からのリンク
    https://www.meti.go.jp/press/2018/08/20180810002/20180810002.html

【著者紹介・執筆分担】

齋藤　浩貴（さいとう　ひろき）　　　　　　第1章，第2章，第4章，第9章
弁護士　森・濱田松本法律事務所パートナー

東京大学法学部卒業。ニューヨーク大学法科大学院修士課程修了。
1990年弁護士登録（第二東京弁護士会）。1995年ニューヨーク州弁護士登録。
2015年日本ライセンス協会理事（～現在），次期会長（2020年会長就任予定）
知的財産，技術取引，情報通信，エンタテインメントに関連する交渉案件，訴訟案件およびマネジメント案件を中心に取り扱い，国内外にわたる取引に豊富な経験を有している。
近時の主な著書・論文として，『著作権法コンメンタール〔第2版〕』（勁草書房，2015年，共著），『情報・コンテンツの公正利用の実務』（青林書院，2016年，共編著），「知的財産のライセンス契約」『講座 現代の契約法 各論2』（青林書院，2016年，共著）などがある。

上村　哲史（かみむら　てつし）　　　　　　第5章，第7章，第8章
弁護士　森・濱田松本法律事務所パートナー

早稲田大学法学部卒業。早稲田大学大学院法学研究科修士課程修了。
2002年弁護士登録（第二東京弁護士会）。
早稲田大学大学院法務研究科非常勤講師（著作権等紛争処理法），文化庁「著作権等の集中管理の在り方に関する調査研究」委員会委員，日本弁理士会必修研修講師等を歴任。
知的財産権，IT，エンターテインメント，営業秘密，個人情報保護等の案件について豊富な経験を有する。
近時の主な著書・論文として，『インターネット訴訟』（中央経済社，2017年，共著），『情報・コンテンツの公正利用の実務』（青林書院，2016年，共著），『企業の情報管理　適正な対応と実務』（労務行政，2016年，共著）などがある。

岡田　　淳（おかだ　あつし）　　　　　　　　　　第3章, 第6章, 第7章
弁護士　森・濱田松本法律事務所パートナー

東京大学法学部卒業。ハーバード大学ロースクール卒業。
2002年弁護士登録（第二東京弁護士会）。2008年ニューヨーク州弁護士登録。
経済産業省「AI・データ契約ガイドライン検討会」委員（作業部会主査併任），農林水産省「農業分野におけるデータ契約ガイドライン検討会」専門委員，東京大学未来ビジョン研究センター客員研究員，青山学院大学大学院客員教授，日本弁理士会必修研修講師等を歴任。知的財産，テクノロジー，個人情報保護等の案件を手掛ける。
近時の主な著書・論文として，『データ利活用のための政策と戦略』（商事法務, 2019年），『実務担当者のための欧州データコンプライアンス―GDPRからeプライバシー規則まで』（商事法務, 2019年），『特許侵害訴訟』（中央経済社, 2018年）（いずれも共著）などがある。

AI・IoT・ビッグデータの法務最前線

| 2019年10月1日 | 第1版第1刷発行 |
| 2019年10月30日 | 第1版第2刷発行 |

著　者	齋　藤　浩　貴
	上　村　哲　史
	岡　田　　　淳
発行者	山　本　　　継
発行所	㈱中央経済社
発売元	㈱中央経済グループ パブリッシング

〒101-0051　東京都千代田区神田神保町1-31-2
電話　03（3293）3371（編集代表）
　　　03（3293）3381（営業代表）
http://www.chuokeizai.co.jp/
印刷／東光整版印刷㈱
製本／㈲井上製本所

© 2019
Printed in Japan

＊頁の「欠落」や「順序違い」などがありましたらお取り替えいた
　しますので発売元までご送付ください。（送料小社負担）

ISBN 978-4-502-31711-8　C3032

JCOPY〈出版者著作権管理機構委託出版物〉本書を無断で複写複製（コピー）することは，
著作権法上の例外を除き，禁じられています。本書をコピーされる場合は事前に出版者
著作権管理機構（JCOPY）の許諾を受けてください。
　　　JCOPY〈http://www.jcopy.or.jp　eメール：info@jcopy.or.jp〉

過去の裁判例を基に，代表的な訴訟類型において
弁護士・企業の法務担当者が留意すべきポイントを解説！

企業訴訟
実務問題シリーズ

森・濱田松本法律事務所［編］

◆ **企業訴訟総論**
難波孝一・稲生隆浩・横田真一朗・金丸祐子

◆ **会社法訴訟** ──株主代表訴訟・株式価格決定
井上愛朗・渡辺邦広・河島勇太・小林雄介

◆ **証券訴訟** ──虚偽記載
藤原総一郎・矢田　悠・金丸由美・飯野悠介

◆ **消費者契約訴訟** ──約款関連
荒井正児・松田知丈・増田　慧

◆ **労働訴訟** ──解雇・残業代請求
荒井太一・安倍嘉一・小笠原匡隆・岡野　智

◆ **税務訴訟**
大石篤史・小島冬樹・飯島隆博

◆ **独禁法訴訟**
伊藤憲二・大野志保・市川雅士・渥美雅之・柿元將希

◆ **環境訴訟**
山崎良太・川端健太・長谷川　慧

◆ **インターネット訴訟**
上村哲史・山内洋嗣・上田雅大

◆ **システム開発訴訟**
飯田耕一郎・田中浩之

◆ **過重労働・ハラスメント訴訟**
荒井太一・安倍嘉一・森田茉莉子・岩澤祐輔

◆ **特許侵害訴訟**
飯塚卓也・岡田　淳・桑原秀明

中央経済社